AF246887

I. K.''
141

c

MADAGASCAR.

SITUATION ACTUELLE.

PAR ED. VIDAL.

En toute chose il faut considérer la fin.
LAFONTAINE.

PRIX : 1 FRANC.

BORDEAUX,

Imprimerie de **BALARAC** jeune, rue du Temple, 7.

1845.

MADAGASCAR.

SITUATION ACTUELLE.

La nouvelle de l'échec, — car il faut bien appeler les choses par leur nom, — éprouvé à Tamatave par nos marins, unis à ceux de S. M. Britannique, a justement causé une vive sensation en France.

Ce sang, si inutilement répandu sur cette plage meurtrière ; cette courageuse, mais vaine démonstration de deux braves officiers de marine ; cette noble protestation faite au nom de la civilisation de l'Europe contre la barbarie africaine, toutes ces douloureuses circonstances ont ému les cœurs et les ont remplis du désir de la vengeance.

Ce sentiment, si honorable et si légitime en lui-même, il importe, avant tout d'en apprécier l'efficacité, d'en calculer les conséquences et la portée.

Car, s'il est quelquefois dangereux de céder aux inspirations de la colère, c'est surtout lorsqu'il s'agit de risquer les trésors et les armées d'une grande nation ; et alors c'est un devoir rigoureux pour tout bon citoyen d'éclairer l'opinion publique et le pouvoir lui-même sur les conséquences d'une résolution qui ne doit amener après elle que regrets et mécomptes.

Tel est le but que nous nous sommes proposé dans cette brochure, et nous apportons à l'éclaircissement d'une si grave question l'expérience de plusieurs années passées dans ces climats éloignés, qui attirent aujourd'hui l'attention générale, et vers lesquels, s'il faut en croire les demi-confidences de la presse officielle, une flotte française, accompagnée probablement de forces britanniques, va bientôt faire voiles.

Il est facile de bâtir dans l'imagination des plans gigantesques, et de tracer, avec le doigt, sur la carte, une route à une escadre, des points de débarquement et des relais à une armée victorieuse. Mais, lorsqu'on en est arrivé à la réalité des choses, lorsqu'on en est rendu à l'exécution matérielle, alors les illusions se dissipent, les difficultés surgissent menaçantes, quelquefois même indomptables, et il faut bien, malgré soi, s'arrêter enfin devant l'impossible, lorsqu'on n'a pas su reculer devant l'absurdité et l'extravagance. — Et alors malheur à qui n'a pas voulu prévoir, à qui s'est aventuré, sur la foi de fausses données, dans une voie fatale dont il était aisé, avec un peu de réflexion et de prudence, de pressentir la déplorable issue !

Après tout, nous concevons et excusons même volontiers cet entraînement général, auquel le gouvernement paraît disposé à céder. Venger la mort de nos compatriotes, punir les orgueilleux défis d'une population sauvage, faire refleurir la puissance du nom français sur une terre qui appartint jadis à la France et où son drapeau flotta long-temps glorieux et respecté, voilà certes des motifs plus que suffisans pour déterminer une grande résolution chez un peuple prêt, comme nous le sommes, à faire bon marché toujours de son or et de son sang, jamais de son honneur !

Voyons donc si la pensée nationale est ici d'accord avec la raison ; voyons, non point s'il est possible, — car que pourrait-on croire impossible à l'Angleterre et à la France unies ? — mais s'il est rationnel , s'il est avantageux , au point de vue de l'intérêt français , de donner cours à ces idées généreuses ; et pour commencer , disons d'abord quelques mots de cette ligue anglo-française à laquelle nous sommes déjà redevables du malheureux combat de Tamatave , et qui exalte à un si haut degré les espérances imprudentes de ceux qui jettent le cri de guerre contre la reine des Ovas.

Que dans ces mers éloignées il se soit rencontré un moment où , placés dans la même situation , également lésés dans leurs intérêts commerciaux et bravés dans leurs justes représentations , Anglais et Français aient été con- duits à s'unir pour venger des griefs identiques , rien de plus simple que ce fait , et l'alliance si pompeusement ci- montée par M. de Talleyrand entre la France et l'Angle- terre , n'eût-elle même pas été écrite dans des traités so- lennels , nul doute que les honorables commandans de *la Zélée* et du *Conway* ne se fussent spontanément entendus pour combiner contre l'ennemi commun une commune attaque.

Que , résolus de part et d'autre à tirer de leur échec une éclatante réparation , les cabinets anglais et français se concertent encore pour organiser une expédition formi- dable , et qu'ils l'opèrent même en parfait accord et en toute loyauté réciproque , il n'y a encore là rien de sur- prenant , et nous n'avons aucune répugnance à l'admettre.

Pour le moment , voilà donc les deux nations à l'œuvre , concourant au but commun ; chacune dans la nature et la mesure de ses ressources , l'Angleterre , fournissant ses nombreux vaisseaux , ses marins éprouvés , et la France ses intrépides soldats.

Reste à savoir comment, une fois parvenus à leur fin, c'est-à-dire si les alliés, maîtres du pays, veulent s'y établir, comment et sur quelles bases se fera le partage des dépouilles. Là seulement les embarras commenceront et la question se compliquera d'une façon singulière. Nous y reviendrons en temps et lieu.

Avant donc d'aller plus loin, rendons-nous bien compte du but que les Français et les Anglais, que nous considérons toujours jusqu'à présent comme guidés par les mêmes intérêts et animés d'un même sentiment, ont à poursuivre à Madagascar.

La vengeance de la mort de leurs vaillans marins est-elle le seul objet que la France et l'Angleterre doivent se proposer dans leur commune entreprise contre Madagascar?

Évidemment leur but doit être plus vaste, plus prévoyant, plus utile, plus digne de deux grandes nations civilisées, qui n'ont pas seulement à réparer l'échec que le zèle imprudent de deux commandans de vaisseau a fait si mal à propos subir à leurs pavillons, mais qui ont en même temps d'importans intérêts commerciaux à défendre et à consolider.

Ainsi donc, il faut poser en principe qu'en armant contre les Ovas, les alliés entendent, à la fois châtier les vainqueurs de Tamatave, se préparer pour l'avenir un bon état de relations commerciales, et assurer à leurs nationaux une position paisible et forte, une position telle, en un mot, qu'elle les mette pour toujours à l'abri des terribles vicissitudes auxquelles ils ont été jusqu'à présent exposés sur le sol madécasse.

Eh bien ! pour atteindre ce triple but, sur quelle échelle et dans quelles prévisions l'entreprise doit-elle être calculée? car, sans nous préoccuper de ce que l'on a fait, ou de ce qu'on fera, sachons ce que l'on devrait faire et ce que l'on pourrait.

Se bornera-t-on à une simple opération de débarquement, à une démonstration vigoureuse et passagère, c'est-à-dire au ravage de quelques-uns des principaux comptoirs ou postes dont le pourtour de Madagascar est semé?

Se décidera-t-on pour une occupation partielle et limitée, c'est-à-dire pour la prise de possession de quelques points importans du littoral, qui, amiablement répartis entre les alliés, selon les convenances de chacun, deviendront dans leurs mains autant de forteresses, destinées à tenir le pays en respect et à protéger les droits des deux pavillons?

Ou bien, enfin, embrassera-t-on un plan d'occupation définitive, un plan dans lequel les vainqueurs, car la victoire devient possible avec des moyens d'attaque suffisans, formeront dans toute l'étendue de l'île un établissement complet et solide, c'est-à-dire se substitueront au gouvernement ova pour coloniser le pays à leur propre avantage?

Car il faut bien choisir entre ces trois hypothèses, puisqu'il n'y en a pas d'autres possibles.

Examinons donc successivement, sous toutes leurs faces, chacun de ces trois systèmes; et d'abord supposons qu'on adopte le premier.

Dans ce système, il faut se contenter d'incendier quelques lieues de côte et se retirer immédiatement après, en disant pour toujours adieu à une terre où tous les points accessibles présenteraient désormais à l'Européen, outre l'ennemi naturel et permanent, qu'il n'y peut combattre par aucune force humaine, — la fièvre, — un ennemi vivant, habile et attentif, d'autant plus difficile à vaincre qu'il aura été plus irrité et qu'il aura pris davantage confiance en lui-même.

En effet, ces Ovas, ces rudes et belliqueux dominateurs du pays ont , comme tous les peuples à demi civilisés , comme les Arabes avec lesquels ils conservent d'ailleurs quelque affinité originelle , une très-haute opinion de leurs propres forces , et ne se font de celles des autres nations qu'une idée en général fort mince , toujours proportionnée au dommage qu'ils éprouvent de leur part dans le cours de leurs luttes avec elles.

Or, pour celui qui connaît l'état de ces pays, pour celui qui sait combien les établissemens des côtes , presque tous élevés et possédés jusqu'à présent par des *traitans* européens , ont peu de valeur aux yeux des Ovas, qui n'hésiteront pas à les abandonner, et dont les principales richesses consistent en troupeaux de bœufs qu'ils font facilement refouler et tiennent même d'habitude dans l'intérieur des terres, que peuvent leur causer de dommages réels et sensibles les dévastations qu'une escadre , aidée de quelques troupes de débarquement , peut exercer sur le littoral de leur île ?

Il est vraiment curieux de voir à quel degré est portée en Europe l'ignorance où l'on est du véritable mérite de ces prétendues représailles que nos capitaines de vaisseau ont mission d'exercer en général contre ces insulaires ovas , malais , australasiens ou autres, qui , dans les différens points où vont trafiquer nos navires marchands, font subir à notre pavillon les plus inconcevables avanies.

Nous avons eu maintes fois , pendant notre séjour dans les mers de l'Inde, l'occasion de nous convaincre par nousmême du peu d'efficacité qu'obtiennent sur ces tribus sauvages ces coûteuses démonstrations , les seules possibles malheureusement, il faut l'avouer ; mais sur l'effet desquels il importe de ne point se faire illusion.

Qu'un obscur rajah de quelque îlot de la Sonde , mu

par un instinct brutal ou par un motif de cupidité féroce ,
rançonne ou décime l'équipage d'un navire de commerce ,
aussitôt arrive une corvette , battant flamme royale , qui
incendie quelques cabanes en paille , coupe quelques mois-
sons , arrache quelques arbres, et croit avoir fait bien peur
à ces brigands insignes !

Qu'arrive-t-il cependant ? La corvette lève l'ancre, lais-
sant toujours sur la plage quelques cadavres , atteints d'un
plomb meurtrier, lancé de loin , à l'abri des broussailles ,
par une main assurée, et , deux heures après son départ ,
les *cases* du village sont reconstruites , la terre réensemen-
cée , les arbres relevés ; et puis , vienne le premier brick
pour faire ses échanges , il sera de nouveau soumis à d'indignes traitemens , et quelquefois même à d'atroces ven-
geances.

C'est qu'il n'en est pas des pays sauvages comme des
pays civilisés : on peut aisément ruiner une population
qui possède de riches établissemens , de vastes agglomé-
rations de maisons dont elle ne peut se détacher, de grands
dépôts de marchandises ou de denrées; là , chaque pierre
abattue, chaque incendie allumé porte un coup douloureux
à la nation attaquée ; et lorsque , par exemple , pendant
le long blocus de nos colonies de l'Ile-de-France et de
Bourbon , les vaisseaux anglais en croisière , opérant des
descentes inopinées, venaient brûler nos entrepôts et piller
nos sucreries , ils faisaient certes un tort bien sensible à
nos malheureux colons , et leur inspiraient l'aversion d'un
état de choses dans lequel ils avaient tant à souffrir.

Mais que voulez-vous faire avec de simples troupes de
débarquement contre des peuplades qui, comme les Malais,
comme les Ovas , n'ont rien à perdre sur les points atta-
quables , et emportent , pour ainsi dire , toutes leurs richesses *à la semelle de leurs pieds?*

C'est pourquoi nous blâmons comme vaine et sans effet, la déplorable canonnade que MM. Romain-Deffossés et Kelly ont pris sur eux de livrer à Tamatave ; et s'il est vrai, ainsi que les derniers journaux de l'Inde nous l'annoncent, qu'une seconde expédition anglo-française, dont le gouverneur de Bourbon aurait lui-même accepté le commandement, soit allé demander aux Ovas le prix du sang versé à Tamatave, c'est là, selon nous, avec les faibles ressources dont on a pu disposer, une seconde faute, sur laquelle nous aurons encore à gémir. Fasse Dieu que cette nouvelle folie ne nous coûte que du temps et des boulets perdus !

Toutefois, respectons ce mouvement généreux qui pousse un vieux et brave marin, tel que M. l'amiral Bazoche, à ne prendre conseil que de son courage, et à courir, tête baissée, infliger à ces barbares un prompt et juste châtiment ; mais en même temps nous regrettons ce courage dépensé en pure perte, ces dangers affrontés sans aucune compensation, sans la moindre espérance. Quand même l'escadrille anglo-française réduirait en cendres Tamatave et dix autres comptoirs de la côte, l'affliction qu'en ressentiraient les Ovas n'équivaudrait pas aux larmes que nous coûte la perte d'un seul sujet français, et ne contraindrait pas pour l'avenir ces farouches peuplades au respect que nous avons le droit d'attendre d'elles et qu'elles osent si insolemment nous refuser.

Que si, après les raisons que nous avons données plus haut, il nous fallait encore des faits pour prouver la justesse de nos assertions, nous invoquerions le souvenir de l'expédition si malheureusement tentée en 1829, sous le commandement de M. l'amiral Gourbeyre.

Du jour de cette folle entreprise date, on peut le dire, le commencement du discrédit du nom français à Madagascar ! — Huit cents hommes de notre infanterie de marine, repoussés par les bandes alors à peine disciplinées des Ovas, et obligés de se rembarquer à la hâte , après avoir subi de grandes pertes , et en emportant pour toute consolation la triste satisfaction d'inutiles ravages commis sur quelques lieues du littoral , ont donné à ces insulaires un sentiment exagéré de leur valeur militaire qui les a rendus de jour en jour plus audacieux à notre égard !

Depuis l'époque de cette funeste expédition , quelles vexations humiliantes ne nous a-t-il pas fallu supporter pour renouer avec Madagascar des rapports commerciaux dont notre colonie de Bourbon pouvait difficilement se passer !

Qui voudrait ajouter foi aux nombreux faits que nous aurions à citer en ce genre ; faits demeurés ; pour la métropole , cachés dans un lointain obscur ; faits honteux qu'une bouche française ne saurait raconter sans indignation !

N'avons-nous pas vu , sur ces bords inhospitaliers , nos navires marchands forcés de cacher leur pavillon , à peine de le voir arracher et fouler aux pieds par les agens de Ramanavalo ?

Tout récemment encore (en 1842) , un brave officier breton (le capitaine du *Picard*) , ainsi outragé dans sa dignité nationale, n'émut-il pas Bourbon de ses plaintes ? — Plaintes étouffées , hélas ! et mortes sans écho , parce que le moyen d'y faire droit n'était pas dans les mains de l'administration locale , dirigée alors , pour le département de la marine , par un homme d'un grand sens et d'une profonde expérience , par un homme digne , sous tous les rapports , d'avoir à défendre l'honneur français , et que nous nous faisons un plaisir de nommer ici , M. *A. Bédier*.

D'ailleurs, ne faut-il pas partout et toujours subir la loi de la nécessité ?

Comment, en effet, se priver, par un renouvellement d'hostilités insignifiantes, de ce grenier abondant où viennent s'approvisionner Maurice et Bourbon, qui manquent de bestiaux, et qui sont dans la dure contrainte de demander à une terre étrangère le riz et le grain que leur sol, envahi par la canne, ne fournit plus à leurs besoins ? — Et quant à la métropole, il faut lui rendre cette justice que, convaincue de son impuissance à réprimer par des demi-moyens un état de choses qui semblait l'accuser de faiblesse, elle prescrivait à ses délégués de prendre patience, de ne pas pousser l'irritation à l'extrême ; et c'était certes penser sagement dans l'intérêt de nos traitans de Madagascar et de nos créoles de Bourbon.

On peut donc, en général, affirmer que chaque fois qu'il s'agit, pour une nation civilisée, d'imposer à un peuple barbare, il n'y a pire ni plus chétif moyen à employer que ces incursions momentanées, qui laissent à peine trace sur le territoire attaqué.

C'est là une vérité incontestable, sanctionnée par l'expérience des siècles et de l'application de laquelle nous pourrions énumérer vingt exemples. — Pour avoir été, à deux reprises, bombardé par les flottes de Louis XIV d'abord, et plus tard par celle des Anglais, Alger s'était-il dégoûté de la piraterie ? Et pour mettre fin à ses brigandages, n'a-t-il pas fallu l'honorable résolution de l'infortuné Charles X de s'emparer définitivement du littoral de la régence ? — Voyez encore le Maroc ! Nous avions battu à Isly l'armée d'Abd-er-Rhaman ; nous avions fait écrouler sous le feu de nos vaisseaux les redoutables remparts de Tanger et de Mogador ; eh bien ! lorsque la France, guidée par un noble désintéressement, et croyant avoir suffisamment inculqué à ces infidèles la terreur de ses armes, a évacué ses conquêtes, n'a-t-on pas vu cet empereur, qu'il n'avait dépendu que de nous de rayer d'un trait de plume de la liste des souverains du globe, refuser la ratification d'un trop généreux traité, et accorder de nouveau à notre plus terrible ennemi une protection et des secours, qui, pour être moins apparens peut-être, ne nous en sont pas moins funestes, et nous obligeront probablement à faire tôt ou tard du Maroc une province française?

Outre leur inutilité ordinaire, ces expéditions fugitives offrent, lorsqu'elles s'adressent à Madagascar, un danger qui doit nous en rendre très-sobres. Comme ils l'ont pratiqué à la suite de l'attaque de 1829, comme ils l'ont fait chaque fois qu'ils se sont vus menacés par une puissance européenne, il faut craindre, — et nous tremblons d'apprendre bientôt d'affreux détails! — que les Ovas ne *sagaient* impitoyablement tous les traitans français et anglais que nos vaisseaux n'ont pu recueillir!

Car ce n'est pas seulement à Tamatave que nos nationaux résidaient, mais sur presque toute l'étendue de la côte, isolés les uns des autres, et livrés à la merci de leurs perfides hôtes!

Et un aussi grand malheur que le massacre de nos traitans venant à se reproduire, ne faudrait-il pas vivement regretter l'ardeur imprudente de nos officiers de marine?

Nous croyons avoir suffisamment démontré, par tout ce qui précède, l'absurdité et le danger de tout projet d'expédition qui aurait uniquement pour but de faire, sur quelques points du littoral madécasse, une démonstration passagère. Loin de relever par là, aux yeux de nos ennemis, la considération des pavillons anglais et français, et d'assurer pour l'avenir à nos nationaux, même par un traité dont on ferait grand bruit, une protection réelle et efficace, nous n'hésitons pas à affirmer que, sans parler ici des dépenses énormes en hommes et en argent qu'une pareille entreprise absorberait en pure perte, nous ne ferions que rendre ces insulaires plus insolens à notre égard. — Pour ces peuples barbares et fatalistes, il n'y a que deux états possibles, commander ou obéir, et ils n'obéissent qu'au vainqueur qui les foule aux pieds et les réduit au néant, car celui-là seul est pour eux l'envoyé du Très-Haut !

Passons maintenant à une autre hypothèse : supposons une occupation limitée et partielle, c'est-à-dire l'établissement d'un certain nombre de points militaires sur le littoral.

Qu'est-ce que ce système, sinon le développement sur une plus vaste échelle du procédé même que nous avons suivi jusqu'à présent à Madagascar, et dont nous voyons aujourd'hui les tristes et derniers résultats ? — système, par conséquent, jugé et reconnu, par notre propre expérience, désastreux et funeste ; système, selon nous, le plus impraticable, le plus déplorable de tous, car, outre leur commune impuissance bien constatée à nous assurer le pays, il a, comparativement à une expédition momentanée, ce grave inconvénient de plus, — qui est à lui seul l'irrévocable condamnation d'une pareille combinaison, — de nous créer, dans chaque point maritime occupé, un gouffre permanent, où nos finances et nos armées iront s'engloutir chaque année, avec tout aussi peu de fruit que nous pourrions en attendre d'une simple démonstration passagère !

A tout prendre, si nous nous regardons, en France et en Angleterre, comme absolument obligés de montrer aux Ovas un échantillon de nos forces, mieux vaut, sans aucun doute, faire, pendant un an, dans un grand armement naval , une dépense considérable d'hommes -et d'argent , dépense limitée et appréciée à l'avance , que de nous condamner , pour l'avenir , à des sacrifices périodiques, toujours croissans et impossibles à calculer. Il vaut mieux nous résoudre à une pure opération de débarquement, que d'aller implanter sur ce sol dévorant de malheureuses garnisons qui, si, dans quelques portions plus saines de la côte, elles échappent à ces fièvres terribles dont , sur le reste du littoral , nos soldats doivent devenir la misérable proie, donneront partout à nos yeux le triste et affligeant spectacle de braves troupes tenues comme prisonnières par l'ennemi, accablées de privations , attendant toute leur subsistance du côté de la mer à quatre mille lieues de la métropole , étouffant , en un mot, dans l'étroite enceinte des murailles que nous aurons élevées.

Car, il ne faut pas s'y méprendre , si du premier coup que nous porterons , nous ne nous rendons pas maîtres absolus de la totalité du pays ; si nous ne substituons pas immédiatement dans le centre de l'île , aussi bien qu'à sa circonférence , notre puissance à celle des Ovas , non seulement ceux-ci ne perdront pas courage et ne désespéreront point de nous expulser, mais les indigènes eux-mêmes , ces tribus opprimées de Malgaches , à qui nous voulons nous présenter comme des libérateurs , ne prendront point confiance en notre protection. Nous voyant si peu sûrs de nous-mêmes, elles ne nous regarderont point comme les nouveaux dominateurs désignés par la Providence pour mettre fin au règne des Ovas.

Quelle serait alors notre position à Madagascar ? quels avantages retirerions-nous, pour notre commerce, des coûteux et cruels sacrifices que nous nous serions imposés ? Croit-on donc les Ovas si dépourvus de sens, qu'il commissent la faute d'alimenter nos garnisons , et de fournir à nos caboteurs les vivres que Bourbon et Maurice attendent de Madagascar, ces bœufs, ces salaisons, ce poisson séché qui leur sont indispensables pour nourrir leur nombreuse population noire, et que ces deux colonies ne peuvent tirer d'ailleurs, comme elles font le riz et le blé qu'elles trouvent dans l'Inde? Et même, en mettant de côté la question commerciale, quel surcroît de considération notre présence procurerait-elle aux deux pavillons alliés auprès de peuples qui, tant qu'ils verront l'étendard de Ramanavalo flotter à côté des nôtres, conserveront le sentiment de la supériorité manifeste que leur assurent à la fois et la possession de l'intérieur du pays, et le secours tout-puissant des maladies endémiques chargées, à défaut des armes des Ovas, de nous faire disparaître de leur territoire?

Remarquez encore cette fâcheuse circonstance, que c'est sur la côte est de l'île, c'est-à-dire sur la partie la plus malsaine du littoral, que nous aurions, les uns et les autres, Français comme Anglais, à asseoir nos principaux établissemens. Cette côte, en effet, outre qu'elle est la plus fertile et la mieux cultivée, appelle forcément la préférence par sa situation géographique sur la route directe de l'Inde, et par sa proximité des colonies de Bourbon et de Maurice, qui ne peuvent pousser leur navigation interlope jusqu'aux parages du cap d'Ambre et de Diegos-Suarez, ni essuyer les retards et les dangers d'un détour dans ce dur canal de Mozambique, où nous n'avons besoin, tout au plus, que de quelques relâches pour nos baleiniers.

D'ailleurs, et pour les mêmes raisons, c'est sur le versant est que la France a toujours eu ses postes les plus importans, autrefois Fort-Dauphin, Sainte-Luce, Tintingue, et encore aujourd'hui Sainte-Marie, dernier et misérable reste de ce cordon d'établissemens éphémères

qu'avait semés sur ces rivages empoisonnés notre ancienne puissance maritime, et dont l'abandon successif ou
l'anéantissement témoigne des vices essentiels d'un système d'occupation partielle, bornée au littoral.

Et qu'on ne vienne pas prétendre ici qu'il n'en serait
plus maintenant de l'application de ce système, comme
il en a été jusqu'à cette heure ; qu'on multiplierait en tel
nombre nos points d'appui, et qu'on leur donnerait une
telle consistance, que les Ovas effrayés et les Malgaches
ébranlés n'oseraient pas tenir nos garnisons en charte-pri-
vée, et chercheraient au contraire à nouer avec nous
de bonnes relations politiques et commerciales, de peur,
en nous irritant davantage, de nous pousser à une conquête entière et définitive ! — On ne peut changer la nature des choses, et les mêmes causes doivent nécessairement
produire les mêmes effets. — Quand même vous entoure-
riez Madagascar d'une ceinture de forteresses, vous ne
parviendriez pas, avec cet appareil de forces, à épouvanter
les Ovas, ni à persuader aux Malgaches que vous allez prendre racine sur leur sol. L'expérience du passé est là pour
les éclairer ; ils savent que la fièvre ou la faim leur fera
bientôt raison de vos soldats ; et dès qu'ils sont convain-
cus, Ovas et Malgaches, que vous ne pourrez pas demeurer, il devient urgent pour eux et ils s'efforcent par tous
les moyens de vous chasser de leurs rivages.

La situation où une occupation limitée nous placerait à
Madagascar, aurait, il nous semble, une parfaite identité
avec celle de notre armée d'Algérie dans les premières années de la conquête, situation si bien sentie et si vivement
décrite par l'illustre maréchal qui tenta le premier de mo-
difier un pareil état de choses, c'est-à-dire de remplacer la
possession exclusive de quelques points maritimes par
une large extension vers l'intérieur du pays.

Laissons parler M. Clauzel, car ce qu'il a écrit de l'Algérie et des Arabes peut merveilleusement s'appliquer à Madagascar et aux Ovas :

« Le système d'occupation, tel qu'il avait toujours été
» entendu par le gouvernement jusqu'à l'époque de mon
» commandement, tel que je l'ai moi-même cru possible
» en Algérie avant que l'expérience ne me prouvât mon
» erreur, était le plus funeste qui se pût imaginer. Il
» consistait à rester sur le littoral de la régence, un pied
» sur la terre, un pied dans la mer. A peine osait-on jeter
» quelques postes en avant pour qu'il fût permis aux gar-
» nisons de respirer. On souffrait à peine que l'occupation
» s'étendît assez pour que les tribus voisines des villes que
» nous habitions, consentissent à nous apporter des vivres.
» Qu'on eût laissé faire aux savans ennemis du système
» envahisseur, et bientôt il eût fallu que la France nous
» eût envoyé jusqu'à l'eau que nous buvions; bientôt, non
» seulement on n'eût pas osé sortir des enceintes, mais à
» peine on eût osé se montrer aux fenêtres des maisons
» avancées. Et ceci n'est point une exagération, c'est la
» simple vérité. Les Arabes sont ainsi faits, qu'ils vous
» méprisent et vous harcèlent, si vous n'avez pas su, du
» premier abord, les glacer de terreur.

» Il fallait un autre système, ou il fallait abandonner
» Alger. Pour le garder d'une manière calme et forte, il
» fallait se porter en avant, à droite, à gauche, posséder
» des centres principaux d'action, entre ces points prin-
» cipaux des points intermédiaires, pour les lier les uns
» aux autres; il fallait maintenir le pays complètement,
» en attendant que la colonisation fît le reste [1]. »

M. Clauzel écrivait cela en 1837. Quelques années plus

---

[1] *Explications du maréchal Clauzel*. Paris, 1857, Ambroise Dupont, éditeur.

tard, la France, revenant enfin sur la faute capitale qu'elle avait commise au début, donnait charge à M. Bugeaud d'exécuter, avec quatre-vingt mille hommes, le plan d'occupation de M. Clauzel ; et de cette époque seulement a commencé pour nous la possession prospère et certaine de l'Algérie.

Est-il besoin d'insister davantage pour convaincre les esprits les plus incrédules eux-mêmes du peu d'efficacité d'un projet d'occupation limitée ?

Ce projet, nous n'hésitons donc pas, quant à nous, à le rejeter, en le déclarant cent fois plus absurde et incontestablement plus désastreux que celui d'une simple démonstration navale, et ce serait avec un profond sentiment de chagrin que nous verrions la France l'adopter.

Les deux premiers systèmes écartés, une pure opération de débarquement étant reconnue vaine, et les tristes résultats d'une occupation partielle étant bien constatés, reste encore un troisième système, le plus spécieux de tous, nous devons l'avouer, le plus rationnel en apparence, celui qui paraît même le plus facile à suivre, qui plaît le plus à nos imaginations enflammées, et dont l'opinion publique semble, en quelque sorte, attendre du gouvernement la prompte réalisation : nous voulons dire l'établissement complet et définitif de notre domination sur toute l'étendue du continent madécasse.

Remarquez, en passant, que sur ce nouveau terrain où nous transportons la question, nous n'avons plus à comprendre en ligne de compte la coopération britannique, que nous mettons de côté pour un moment, et cela par des raisons que nous donnerons tout-à-l'heure.

Expliquons-nous bien d'abord le sens et la valeur de la troisième combinaison proposée.

Que devons-nous entendre par ces mots : Établissement

complet et définitif de la domination française à Madagascar ?

Est-ce à dire qu'il nous suffira d'occuper militairement le sol sur toute son étendue , de garnir de corps-de-garde les moindres points fortifiables , et d'y entretenir bonne garnison , pour nous croire et pour être en réalité les maîtres immuables de cet immense territoire et atteindre complètement le but que nous nous proposons? — Non, sans doute , et ce n'est point de cette manière que la France entend posséder Madagascar, car elle sait bien que ce ne serait là qu'une possession illusoire et sans résultats.

Ceux donc qui désirent voir cette belle terre malgache rentrer à jamais sous l'empire de la métropole, comprennent mieux à quelles conditions il nous est permis d'y aspirer ; ils ne se bornent point , croyez-le , à vouloir substituer violemment l'oppression française à l'oppression ova , car ce ne serait pas faire autre chose de n'employer que l'action militaire : il y a dans leurs vœux , d'accord en cela avec les exigences même de la situation , il y aune autre pensée , une pensée plus pure et plus élevée, plus digne de notre civilisation , plus soucieuse des grands intérêts d'une nation à la fois commerçante et guerrière , que cette ambition vulgaire de donner de nouveaux despotes à ces populations africaines. Ils ont en vue, et ils entretiennent l'honorable espérance de rattacher Madagascar à la France par les liens de la *colonisation*, liens plus solides et plus durables que ceux de la crainte et de la servitude !

Quand une fois nous avons eu pris la ferme résolution de conserver Alger , quand nous avons voulu nous assurer pour l'avenir la possession du rivage barbaresque , qu'avons-nous fait? — Comprenant que ce n'était pas assez de la force des armes pour nous approprier ce chancelant domaine , nous avons ajouté à l'œuvre destructive, à l'œuvre envahissante et guerrière, qu'il avait d'abord fallu vouloir entière et complète, telle que la concevait M. Clauzel, nous avons ajouté l'œuvre régénératrice et morale; après le canon et le sabre, nous avons appelé à notre aide les instrumens plus doux et plus sûrs de la civilisation. Nous avons entrepris de faire de l'ancienne régence un pays français, de nous l'assimiler, en quelque sorte, par l'infiltration de nos idées et de nos mœurs. Et déjà, en dépit des dernières convulsions de la nationalité arabe expirante, nous pouvons apprécier les heureux effets de ce noble système, auquel nous aurons mis la dernière main et donné toute son extension, le jour où, comme certains esprits élevés en conçoivent déjà la pensée, nous déclarerons l'Algérie département français.

Eh bien ! si l'on admet que nous devions tenter quelque chose sur Madagascar, il faudrait, pour espérer un résultat sérieux, pour avoir quelque chance d'atteindre le but politique et commercial qui nous pousse à agir, il faudrait nous décider à faire là ce que nous avons fait à Alger. — Chasser d'abord les Ovas devant nous, imposer à la masse de la population, et la jeter de notre côté, par la rapidité et l'éclat d'une invasion victorieuse, et occuper militairement le pays, voilà, sans doute, trois opérations essentielles, qui devraient précéder toutes les autres, et qu'il ne serait déjà pas si facile d'accomplir; mais toutes opérations qui ne pourraient devenir efficaces et décisives et amener pour nous des résultats utiles, qu'autant qu'elles seraient consolidées et complétées par une vive action civilisante. — Nous devrions faire de Madagascar mieux qu'un camp français, nous devrions en faire une terre française; en d'autres termes, ce que nous aurions à entreprendre là, ce que l'opinion publique comprendrait et ce qu'elle souhaite, c'est la *colonisation au profit de la France.*

Ce serait là, selon nous, la seule voie dans laquelle il conviendrait à la France d'entrer, la seule qui lui serait indiquée et par la nature des choses et par notre propre expérience elle-même. Ce serait le seul plan que nous voudrions sincèrement lui voir agréer et mettre en voie d'exécution, si toutefois, bien entendu, cette exécution, n'était *ni insensée ni impossible!*

Maintenant que nous savons bien ce que signifient ces mots d'occupation permanente et complète de Madagascar, passons à la question si ardue de l'exécution matérielle ; et pour cela, considérons d'abord l'état actuel des choses dans cette île si peu ou si mal connue en Europe ; voyons à quels ennemis nous avons affaire et quels obstacles il nous faudra combattre ; voyons sur quels appuis, sur quelles ressources il nous est permis de compter ; voyons quelle puissance de moyens nous est nécessaire pour réussir dans une aussi vaste entreprise. — Puis enfin, nous nous poserons ce grand et dernier problème de savoir si, même en admettant la réussite comme certaine, il est vraiment sage et profitable à la France de tenter cette coûteuse expérience.

C'est ici surtout que la pente devient glissante : c'est maintenant surtout qu'il faut savoir se soustraire à toute séduction, se dépouiller de tout enthousiasme ; juger les choses de sang-froid et sans aucune partialité ; se défier des suggestions intéressées et des faux rapports ; n'interroger que les faits et les interroger rigoureusement ; en un mot, faire en sorte de ne pas prendre de pures illusions pour des réalités, de caressantes espérances pour des certitudes.

Qui pourrait, en effet, se défendre d'une certaine sympathie en faveur d'une œuvre aussi grandiose, aussi puissante, aussi glorieuse, que la colonisation du continent madécasse ? Et n'est-on pas porté, malgré soi, dans l'éblouissement de la grandeur du but, à ne tenir que médiocrement compte des obstacles et des impossibilités, et à se dire : Si la France veut, elle pourra?

Sans parler ici de l'irritation des susceptibilités nationales, il y a, ce nous semble, dans ces expressions : colonisation de Madagascar, — une sorte d'entraînement magique, à l'influence duquel il n'est point facile d'échapper?

En effet, assurer à la France, si pauvre de colonies, si dénuée, depuis les traités de 1815, d'établissemens commerciaux, importans; lui assurer un immense continent, — car on peut bien appeler de ce nom une île de vingt-cinq mille lieues de surface; — magnifique terre où la plus libérale végétation du globe n'attend, pour le combler de richesses, que des bras intelligens; c'est là certainement une superbe utopie, un rêve brillant, qui doit séduire l'esprit d'un peuple que les guerres de la révolution et de l'empire ont habitué aux plus merveilleux spectacles, et dont une longue paix continentale ramène maintenant la dévorante activité vers l'idée des entreprises lointaines, vers le goût des grandes expéditions maritimes.

Si donc la prise de cette riche proie est possible à la France, c'est-à-dire si elle lui est possible à des conditions raisonnables, avec l'emploi de moyens qui n'épuisent pas ses ressources actuelles et ne lui créent pas pour l'avenir une plaie rongeante; s'il ne doit en résulter pour nous ni dépenses ruineuses dans notre budget dejà si lourd, ni sacrifices indéfinis d'hommes, ni complications funestes dans notre politique, oh! hâtons-nous d'obéir à l'inspiration nationale! — Que les bras rapides du télégraphe s'agitent dans les airs et transmettent à nos ports l'ordre de préparer sans retard un armement considérable! Et bientôt nous applaudirions de grand cœur, pour notre part, au spectacle enivrant de nos escadres, cinglant, pleines de confiance, sous l'heureux commandement du prince de Joinville, vers la terre malgache, chargées de la double et glorieuse mission de venger notre drapeau, et de doter la métropole d'une opulente conquête !

Descendons cependant de ces sublimes hauteurs de l'enthousiasme patriotique, pour entrer dans l'examen minutieux, dans l'examen calme et désintéressé des faits.

Jetez un coup d'œil sur la carte : considérez cette chaîne de montagnes qui traverse l'île dans le sens de toute sa longueur et la divise en deux bandes étroites, en deux versans, dont l'un va se perdre à l'ouest dans le canal de Mozambique, et l'autre à l'est dans l'Océan Indien ; voyez cette multitude de rivières qui descendent des hauteurs jusqu'à la mer, en arrosant, dans leur sinueux parcours, toute la surface du sol, et aussitôt vous concevrez la fertilité étonnante et tant vantée de Madagascar. Sous cet ardent et actif soleil des tropiques, la terre, tenue en fermentation continuelle, n'a besoin que d'un peu d'eau pour développer la plus riche végétation, et il n'est pas, dans ces latitudes, de contrée mieux partagée sous ce rapport que le continent madécasse.

Maintenant, si vous voulez vous expliquer l'insalubrité des côtes, c'est-à-dire de la côte est, car le même phénomène n'existe point pour le rivage occidental, à partir du cap Saint-André jusqu'au cap Sainte-Marie, — figurez-vous l'extrémité du versant qui tombe dans la pleine mer, relevé en talus, en manière de digues, sur une épaisseur de plusieurs kilomètres, ce qui crée, entre les monts et la plage, un creux où les rivières, divisées à leur embouchure en une infinité de petits canaux, débordent et se répandent en mares infectes, qui exhalent, du milieu d'herbes gigantesques, des miasmes mortels.

Le riz, le blé, le maïs, le coton, le safran, le tabac, l'indigo, la canne à sucre, la vigne, tous les arbres à épices et à fruits des climats inter-tropicaux, toutes les racines nutritives, poussent spontanément dans cet admirable sol, où la croûte végétale, profonde et vigoureuse, n'a besoin que d'être remuée avec le pied et de recevoir les semailles, pour les rendre, en quelques mois, au centuple. — D'immenses savannes nourrissent des troupeaux innombrables de bœufs, l'un des principaux objets du commerce d'exportation, et la première, la plus estimée des richesses des habitans, à ce point qu'on y traite indifféremment les échanges en monnaie où en bœufs. — Les vastes forêts de l'intérieur offrent des arbres gommeux et résineux d'un précieux rapport, et les plus beaux, les plus solides bois de construction. — Enfin, si vous fouillez la terre, vous y trouverez les métaux les plus recherchés et les minéraux les plus utiles : l'or, l'argent, quelques pierreries, le fer, le cuivre, l'étain, le plomb, le mercure, le cristal, le sel gemme et la houille elle-même, ce produit qui joue aujourd'hui un si grand rôle dans notre industrie et notre navigation, comme si la nature prévoyante avait voulu ménager à nos vaisseaux à vapeur, à moitié chemin de l'Inde, un dépôt de cet indispensable combustible !

Les côtes, échancrées de baies spacieuses et de ports excellens, présentent à nos navires de guerre et de commerce toutes les ressources imaginables, les plus riches cargaisons, les vivres les plus abondans et les plus variés.

Tel est Madagascar ; telle est cette île qui a toujours excité la convoitise des Européens, et si, à tous les avantages du sol, à la facilité de ses abords, à la sûreté de ses mouillages, vous ajoutez celui de sa situation géographique ; si vous songez qu'elle est là, jetée entre le cap de Bonne-Espérance et la presqu'île asiatique, comme pour dominer et interrompre au besoin la voie de l'Océan entre l'Europe et l'Inde, vous vous rendrez parfaitement compte de l'importance que l'Angleterre et la France ont sans cesse attachée à la possession de cette redoutable position militaire et maritime.

Au centre de l'île, remarquez un plateau élevé, formé par l'écartement circulaire de la principale chaîne montagneuse, et qui semble dominer tout le pays : c'est là que les Ovas, les maîtres actuels de la presque totalité de Madagascar, ont, depuis des années, établi leur demeure ; c'est là qu'ils ont leur capitale, leur gouvernement, leurs grands dépôts d'armes et de munitions ; c'est de ce poste, si avantageusement choisi, qu'ils se sont avancés, il y a une quarantaine d'années de cela, conduits par un chef intrépide et habile, pour soumettre successivement à leur empire, tantôt par la force des armées, tantôt par le prosélytisme religieux, la plus grande partie des peuples moins guerriers qui les entouraient et qui dataient de plus loin qu'eux leur existence sur le territoire madécasse.

Quels sont ces hommes ? d'où sont venus ces audacieux conquérans ? quel était-il, ce chef renommé qui a jeté les fondemens de cette puissance ova, assez forte aujourd'hui pour oser défier l'Europe ?

Malte-Brun, qui a, du reste, des données assez exactes sur la formation des populations madécasses, Malte-Brun parle d'une horde de pirates, sortie du détroit de la Sonde, qui vinrent poser leur siége à la côte est de Madagascar, et qui y prirent un tel accroissement et inspirèrent un tel effroi aux Français, alors résolus à faire dans les mêmes parages des établissemens importans, qu'il fallut employer des forces assez considérables pour essayer de les détruire.

Cependant, on n'y réussit qu'imparfaitement. « Si la plupart de ces forbans, dit ce célèbre géographe, périrent dans la baie d'Antongil (en 1721), ils laissèrent une postérité qui ne fut pas moins funeste. Ils avaient contracté des alliances et des liens de famille avec les habitans du pays, les Antavares, les Bétimsaras, les Béthalimènes ; bientôt on les vit se relever de leur défaite, et en 1754, par l'ordre de leur reine, veuve d'un chef mort en grande réputation, ils fondirent sur les Français qui venaient de s'établir à Foulepointe et les massacrèrent. »

Ce que Malte-Brun ne dit pas et ce qui est certain, c'est que ces pirates furent renforcés de nouvelles bandes, attirées sur leurs traces par cet esprit aventurier qui est le caractère des Malais, et par ce qu'ils apprirent de la richesse du sol malgache. — Peu à peu, repoussés par les Européens qui voulaient occuper le rivage, et jaloux de s'emparer d'une position inexpugnable, ils gagnèrent l'intérieur de l'île, et posèrent leur tente sur ce plateau élevé, qui est comme enchâssé entre les deux bras de cette longue chaîne de montagnes que nous avons déjà signalée.

Telle serait, s'il faut en croire la mémoire des habitans, l'origine des Ovas : ils faisaient partie de ces hordes de pirates, dont les Français avaient inutilement tenté de débarrasser le territoire. Toujours est-il que, même à travers leur croisement avec les Arabes qui les avaient précédés dans la possession du pays, ainsi qu'il nous faut l'expliquer, on ne peut s'empêcher de reconnaître en eux, à leurs yeux inclinés, à leur face aplatie, à leurs cheveux soyeux, à leur teint olivâtre, les vrais descendans des Malais.

Sans entrer ici dans une discussion approfondie sur l'origine des peuples qui ont successivement pris pied à Madagascar, et qui y conservent encore, à l'heure qu'il est, en dépit de la laborieuse fusion des siècles, leurs marques distinctives, il est évident que cette terre a reçu ses habitans, partie de la côte d'Afrique, et partie du continent asiatique et des îles qui en dépendent. L'élément nègre et l'élément arabe s'y trouvent maintenant mêlés et confondus à tous les degrés dans le sang des populations, sans toutefois qu'on perde les points de départ de chacun d'eux, car la couleur blanche y coexiste à côté de la couleur noire; et si c'est un fait hors de doute que c'est cette dernière qui règne le plus généralement, surtout dans les régions de l'Ouest et du Sud, il est également vrai que, sous l'aspect moral et social, c'est l'élément arabe qui prévaut et domine; c'est-à-dire que le type africain a presque entièrement disparu au contact du type arabe, et cela devait être, la civilisation devant toujours absorber la barbarie qui se trouve en présence avec elle.

Que, dans des temps fort reculés, les noirs de l'Afrique, dans toute la pureté de leur état sauvage, aient abordé à Madagascar et s'y soient établis, c'est là une supposition fort probable, et qu'il n'y a nulle raison de rejeter. Ce sera là, si vous voulez, le fond primitif, la première couche de la population, ces *Malgaches* ou *Madécasses*, à la peau foncée et aux cheveux crépus, qui ont donné leur nom au pays. — Mais, bien avant l'arrivée des Portugais au-delà du cap des Tempêtes, cette grande famille arabe, qui a peuplé les deux tiers de l'ancien monde, qui a poussé des rameaux jusqu'aux derniers confins de l'Inde, jusqu'aux archipels les plus reculés du détroit de Malacca, toutes contrées où elle se partage les populations avec la race indienne elle-même et la race malaise, les Arabes s'étaient étendus sur toute cette portion de l'Afrique qui borde le canal de Mozambique, et qui fait face à Madagascar. Là, ils avaient importé leur langue, leurs croyances, leurs mœurs, et façonné à leur image, si l'on peut s'exprimer ainsi, les habitans primitifs de ces climats. — Aussi, quand il s'opéra un nouveau déplacement de ces populations africaines vers l'île madécasse, elles y arrivèrent déjà à moitié empreintes de cette physionomie arabe, qui, entretenue et fortifiée par d'incessantes immigrations venues directement de l'Asie, à travers la mer Rouge, a fini par devenir générale et prédominante. — Il y a même eu, selon des traditions que rien n'autorise à répudier, une véritable conquête arabe, opérée sur les premiers possesseurs du territoire, et qui a laissé des traces manifestes de son passage ; et il est prouvé en même temps que, vers les provinces d'Anossy et d'Antaraï, où nous fondâmes plus tard Fort-Dauphin et Sainte-Luce, il se fixa anciennement une colonie d'Arabes de la Mecque, les uns juifs, les autres mahométans, dont les descendans ont su résister à l'envahissement des Ovas. — D'un autre côté, vers l'extrémité sud-ouest de l'île, Port-Louquez et Bombétoc ont été de tout temps, et sont encore à présent en majeure partie peuplés de ces mêmes Arabes, que vous trouvez le long des côtes de Zanzibar et de Mozambique, et qui occupent presque seuls les Comores.

Ne vous étonnez donc pas de rencontrer à Madagascar une langue commune, quoique formant plusieurs dialectes, presque toute composée de mots ou de racines arabes ; ne vous étonnez pas d'y rencontrer, dans la religion répandue chez la grande généralité des habitans noirs ou foncés, un mélange de paganisme et de mahométisme, véritable amalgame des superstitions africaines et des croyances asiatiques, avec quelques-uns des dogmes et certaines pratiques de la foi judaïque, tels que la création, la chute du premier homme, l'observation du sabbat et la circoncision. Ne vous étonnez pas de rencontrer dans certaines parties du territoire des populations entièrement blanches ou simplement basanées, qui se disent et se montrent fidèles disciples du Prophète. Ne vous étonnez pas enfin que les Ovas, les derniers venus de toutes ces tribus à la peau claire, aient pu, en résumant et ravivant en eux par les liens du sang et du fanatisme religieux tout ce qu'il y avait de force et de vie dans les germes fécond que l'élément arabe avait répandus sur le sol, se créer une puissance devant laquelle a dû fléchir ou reculer ce qu'il y restait encore du vieux monde madécasse.

Au commencement de ce siècle, avant les immenses progrès des Ovas, c'est-à-dire avant les prodiges de Radama, Madagascar était divisé entre une foule de peuplades et de chefs, de castes et de couleurs différentes. — De ces chefs, les uns étaient électifs, les autres héréditaires; plusieurs vivaient dans une indépendance absolue, les autres dans des rapports de vassalité envers de plus puissans; du reste, il y avait guerre perpétuelle entre eux. C'était le même état qui subsiste encore dans la partie ouest de l'île, située au-dessous du cap Saint-André, région impénétrable, où la barbarie africaine semble s'être réfugiée, et où des hommes sauvages, des nègres cruels, inhospitaliers, mais braves, s'opposent également à l'invasion ova et à tout commerce avec les Européens; c'était, avec plus de férocité seulement, le même état où se trouve encore l'Anossy, dont les habitans sont peut-être les mieux disposés de tous en faveur des Français. — Quant au degré de civilisation répandu chez les moins grossières d'entre ces populations, il était ce que nous avons dit, le reste informe de l'importation arabe.

Il faut remarquer que dès lors, au milieu de ce conflit perpétuel des diverses tribus madécasses, c'étaient les plus blanches, ou, pour mieux dire, les moins basanées, c'é-

taient celles qui avaient le mieux conservé le signe distinc-
tif du type arabe ou malais, c'étaient ces Antavares, ces
Bétimsaras, ces Béthalimènes avec lesquels les Ovas s'é-
taient alliés et mélangés, qui exerçaient sur les autres une
espèce de suzeraineté.

Ces hautes castes jouissaient même exclusivement de
certaines prérogatives : elles fournissaient les prêtres, et
avaient seules le droit de posséder des bestiaux. Une seule
nation noire, les Voadzini, se maintenait dans quelques
priviléges, parce qu'elle était réputée descendre des premiers souverains du pays. Ces distinctions attachées à la
couleur blanche, ce sacerdoce traditionnel, moyen si puis-
sant d'influence auprès de populations dont le mahométisme faisait le fonds commun en matière de croyances,
n'étaient-ce pas là autant de chances de succès qui militaient
en faveur du développement qu'un homme de génie résolut
plus tard de donner à la nationalité ova, et qui le secon-
dèrent considérablement dans son entreprise ?

Radama se mit à l'œuvre, et lui, qui régnait à peine sur
une peuplade de cent cinquante mille âmes, il voulut commander à trois millions de sujets, car il ne faut pas évaluer
à moins la population de cette île. — D'abord, il dut se
créer une armée, et au lieu de ces bandes indisciplinées,
armées de mauvais mousquets, de lances et de javelots,
qui composaient les seules forces des chefs ses prédéces-
seurs ou ses voisins, il sut se composer de belles troupes,
munies de bons fusils, qu'il fit venir d'Europe, et exercées
à notre tactique par des officiers français qu'il attira à
son service. — Le pays ne fournissant pas de chevaux, il
en acheta des Arabes, et monta un corps de cavalerie ; des
canons, des artilleurs, il en eut, et apprit à s'en servir.
Alors, sûr de sa puissance, appuyé d'ailleurs par la plupart de ces peuplades qu'une communauté d'origine et de

religion rattachait aux Ovas, il s'élança à la conquête des différens territoires qui l'entouraient. Les peuples qu'il ne put gagner par la persuasion et par l'éclat de sa renommée, il les soumit par la force des armes, et il étendit ainsi, en peu d'années, sa glorieuse domination sur plus des deux tiers du continent madécasse, ne rencontrant d'autres obstacles que la résistance indomptable de ces noirs courageux de la côte sud-ouest, qu'une antipathie naturelle éloignait de la race asiatique, et ces Anossis, ces Arabes encore intacts, qui voyaient avec peine le rôle qu'ils auraient pu jouer eux-mêmes dévolu à une autre nation.

Mais cette extension inouïe de territoire ne contentait pas l'âme de Radama : épris de la civilisation européenne, instruit dans l'histoire des grands peuples modernes, il avait l'ambition de créer à Madagascar une nationalité forte et vigoureuse, entourée de tout le prestige des arts, secondée de toutes les ressources de la science et de l'industrie, capable, en un mot, de se suffire à elle-même, et de rivaliser en éclat et en grandeur avec les états les plus florissans de l'Europe. Dans cette vue, il appela à lui des architectes, des artistes et des savans de tous les pays ; il envoya des sujets intelligens prendre chez nous des notions de toutes sortes ; il éleva des colléges supérieurs, d'où sortaient des maîtres qui allaient répandre, en langue arabe, l'instruction dans toutes les parties de son royaume ; il fonda des écoles d'un degré inférieur pour la jeunesse des deux sexes ; il établit, au centre de son empire, des fabriques d'armes et de poudre, des fonderies, des imprimeries même, où s'éditaient, en arabe, des traductions d'ouvrages jugés utiles, et notamment une Bible. — Enfin, après avoir ceint sa capitale de fortifications, et y avoir rassemblé cinquante mille habitans, il l'embellit de temples, de palais, de somptueuses constructions.

Voilà ce que le génie de cet homme fit en quelques années de Madagascar ; et si un événement tragique n'avait
mis tout-à-coup fin à cette noble vie, qui peut dire à quels
résultats Radama ne serait pas arrivé sur ce riche sol madécasse ? — Si on l'eût laissé faire, ce prince eût été pour
son pays ce que Pierre-le-Grand a été pour la Russie, ce
que, de nos jours, Méhémet-Ali est pour l'Égypte. Il eût
mis au monde une nouvelle puissance, une puissance militaire et maritime, avec laquelle l'Angleterre eût été peut-
être un jour obligée de compter pour ne pas perdre ses
possessions de l'Inde !

Mais Radama, par ses idées de civilisation européenne,
par son affection pour les étrangers, et surtout pour les
Français, qu'il aimait et estimait sur tous les autres ; par
la protection éclatante qu'il accordait à tous ceux qui venaient lui apporter leurs lumières ou leurs talens, Radama avait choqué l'esprit féroce des principaux chefs et
des grands qui l'entouraient. Ils paraissaient craindre que
tout ce glorieux travail de leur roi ne profitât un jour à
l'Europe, c'est-à-dire que Madagascar, régénéré à la française, ne fît un sympathique retour vers la France, et ne
leur échappât. — Et puis, vers les derniers temps, ils
avaient pris ombrage de l'appui toujours croissant prêté
aux missionnaires chrétiens, appui qui était à leurs yeux
comme une répudiation tacite des anciennes croyances. —
Ils se liguèrent donc, et, en 1828, une conspiration crimi-
nelle fit monter sur le trône, au détriment des héritiers
légitimes, Ramanavalo-Menjaka, princesse du sang royal,
la souveraine actuelle de Madagascar, dont nos marins
et ceux de l'Angleterre se sont si chaudement disputé l'é-
tendard sous le canon de Tamatave.

Depuis la mort de Radama, les choses ont peu changé
à Madagascar ; de toute son œuvre, il n'y a eu de retran-

ché que la libre admission des étrangers dans l'intérieur du pays et dans les affaires de l'état, et la large part qu'il avait faite aux idées et aux mœurs de l'Europe, à cette belle civilisation française, qui fut l'admiration et l'ambition de toute sa vie. Mais ses fondations les plus précieuses, ses colléges, ses écoles, ses fabriques, ses imprimeries, tout cela a survécu à son auteur. Seulement, toute impulsion nouvelle manquant, le mouvement ascendant s'est arrêté, et toutes choses sont demeurées stationnaires, à une seule exception près. S'ils avaient trouvé que leur roi innovait dangereusement sous certains rapports, les chefs ovas avaient su en même temps apprécier l'excellente organisation qu'il avait donnée à son armée. Sachant bien que leur domination repose principalement sur la puissance des armes, ils ont donc eu soin de suivre fidèlement et même de perfectionner son système militaire, et ils possèdent aujourd'hui plus de quarante mille homme de troupes régulières, parfaitement exercées et équipées à l'européenne, infanterie, cavalerie et artillerie, troupes naturellement braves comme tous les Malais, et aguerries d'ailleurs par les combats continuels qu'elles livrent aux peuplades encore insoumises.

A ces forces régulières, recrutées pour les officiers et la plus grande partie des soldats dans la population ova proprement dite, qui ne veut, avec raison, laisser qu'à elle-même le soin de la défendre et qui sent le besoin d'imposer par une ferme contenance, il faut ajouter environ vingt mille hommes irréguliers, armés de lances et de flèches, tirés des autres tribus dominées, dont le fanatisme invétéré assure la fidélité à leurs maîtres. C'est avec ces moyens qu'une nation de deux cent mille âmes, car on peut évaluer à ce chiffre la population ova, tient en respect le vaste territoire madécasse, et sait y entretenir à son profit une abnégation si absolue qu'il n'est pas rare de voir, au milieu d'une peuplade de quelques cents Malgaches, une faible escouade d'Ovas venir sagayer de sang-froid, pour la plus légère infraction, quinze ou vingt malheureux qui meurent en criant avec un enthousiasme frénétique : Vive la reine ! la reine le veut !

Quant aux remparts qui entourent quelques-unes de leurs villes et notamment Tananarive, leur capitale ; quant aux forts qu'ils ont élevés sur plusieurs points de la côte, ils sont d'une faiblesse peu commune, mal combinés et mal bâtis, et incapables de résister au canon européen. — Comme tous les Asiatiques, ces peuples sont d'une ignorance extrème et d'une incapacité incroyable dans l'art des fortifications.

Il faut donc beaucoup rabattre de la prétendue inexpugnabilité du fort de Tamatave, inexpugnabilité qui n'existe que pour un assiégeant dépourvu de tout moyen d'attaque, comme l'était le menu détachement anglo-français qui s'est si imprudemment confié à un aveugle courage. Cependant Tamatave, en des mains plus habiles, pourrait facilement devenir une place de premier rang, par l'heureuse disposition des terrains où elle est assise et sur lesquels on construirait à peu de frais des ouvrages formidables. — Mais Tamatave attend encore son Sidney-Smith.

Toutefois, après ce que nous savons maintenant de Madagascar, il faut convenir que nous sommes peu généreux, lorsque nous appelons les Ovas des sauvages et des barbares, épithètes dont, du reste, nous nous montrons généralement fort prodigues pour tous les peuples qui contrarient nos idées sur la civilisation, qui l'entendent et qui la pratiquent d'une autre façon que la nôtre.

Le règne de Ramanavalo a vu s'opérer peu de conquêtes

sur les peuples insoumis, et paraît, du reste, se résigner à cet égard aux bornes de l'héritage de Radama. — En revanche, l'oppression étant devenue plus dure pour les populations noires que ce chef avait rangées sous sa loi, quelques-unes s'y sont soustraites par l'émigration. C'est ainsi que les Saclaves, qui étaient fixées sur la côte ouest à la hauteur de Mozambique et des Comores, se sont réfugiés, au nombre d'environ dix-huit mille, dans les îles de Nossi-Bé et de Nossi-Mitzou, où la France a cru devoir leur accorder une protection qui nous coûte déjà cher et sur laquelle nous aurions d'étranges choses à rapporter.

La mort de Radama, provoquée par ses rapports avec les Européens, fut nécessairement le signal d'une violente réaction contre ces derniers, et surtout contre les Français, les plus enviés et les plus détestés de tous par les chefs indigènes ; on les chassa de l'intérieur, on les accabla d'indignes traitemens, on confisqua leurs propriétés, on en mit même quelques-uns à mort. C'est alors (en 1829) que, pour punir ces attentats, la France fit faire à M. Gourbeyre, avec des ressources évidemment trop minimes, cette désastreuse campagne, au début de laquelle nous occupâmes Tintingue et Tamatave, et où, après avoir succombé devant des forces très-supérieures, nous fûmes forcés d'abandonner ces positions et de reprendre la haute mer.

Depuis, les relations s'étant insensiblement renouées par suite des besoins réciproques, on ne nous souffrit plus que sur les côtes, où nous sommes ainsi demeurés jusqu'à présent, sans aucune garantie et sous le bon plaisir des Ovas. — On ne peut guère citer qu'un seul de nos compatriotes qui, dans ces quinze dernières années, ait pu parvenir jusqu'à Tananarive ; encore faut-il dire que

M. de Lastelle a acheté cette faveur insigne au prix de sa qualité de français. Il est vrai qu'en le créant citoyen de Madagascar, on l'a fait prince du sang, ce qui est assurément quelque chose ; mais ce qui valait mieux, la reine lui a accordé les plus rares priviléges commerciaux, qu'ils exploitent en commun, comme deux bons négocians de la rue des Lombards.

Nous avons exposé avec sincérité l'état présent des choses à Madagascar ; nous avons exactement fait connaître la situation réciproque des différentes populations qui couvrent cette île ; nous avons dit ce qu'est aujourd'hui la puissance ova, et nous n'en avons ni exagéré ni dissimulé les forces. Nous avons trouvé, de compte fait, au service de Ramanavalo, un effectif de 60,000 hommes.

Maintenant donc, en nous accordant que la valeur française est, à celle des Ovas, comme trois est à un, ce qui, à coup sûr, n'est pas faire une trop grande injure aux Français, qui ont pu, au besoin, apprendre à Taïti ce que c'est que le courage sauvage, — et nous voulons bien ne pas croire les Ovas supérieurs aux Taïtiens ; — en supposant, d'un autre côté, les divers avantages que les Ovas peuvent tirer de leur position sur les lieux, des points fortifiés qu'ils occupent, des obstacles naturels du pays, neutralisés par la science européenne ; en nous permettant d'annihiler par la pensée les inconvéniens d'une traversée de trois à quatre mois, et la fièvre qui nous attend au débarquement ; en supposant enfin que notre expédition soit faite dans la saison la plus favorable, c'est-à-dire la moins malsaine de l'année, nous arrivons toujours à cette conclusion : que pour seulement combattre et vaincre les Ovas, il nous faut jeter sur le littoral malgache une armée de vingt mille hommes au moins.

Pour porter à Saint-Domingue, au tiers de la distance

qui nous sépare de Madagascar , un pareil nombre d'hommes , il n'a pas moins fallu à Napoléon, si nous en croyons les chiffres de M. Thiers dans son *Histoire du Consulat* , que vingt-six vaisseaux de ligne, vingt frégates et une dixaine de corvettes.

On ne nous contestera point , nécessairement , le même nombre de navires d'un semblable gabarit , pour transporter à 4,500 lieues de nos côtes le même nombre de troupes , avec tout le matériel nécessaire ; plus , deux mois au moins de vivres en sus, et des effets de campement dont l'expédition de Saint-Domingue n'avait point à s'embarrasser , puisqu'elle arrivait dans un pays ami où des villes françaises lui étaient ouvertes , mais dont notre future expédition ne pourra se passer , devant très-probablement trouver dévastées et brûlées, à son approche, les quelques misérables cases en paille des établissemens de la côte , qui ne pourraient , en tout cas , lui offrir qu'un abri insuffisant et insalubre.

Or, nous nous posons cette simple question : La France qui va immanquablement avoir sur les bras une nouvelle opération navale contre le Maroc; la France , qui aura à diriger une deuxième escadre au Mexique pour obtenir réparation de l'outrage fait à son ambassadeur ; la France, qui est menacée d'envoyer un troisième armement à Buenos-Ayres pour couvrir nos nationaux ; la France , dont les forces maritimes sont déjà disséminées en vingt stations obligées, et qui a des vaissseaux en Orient , en Chine , sur tous les points du globe , partout où de grands intérêts débattus exigent la présence de son pavillon ; la France est-elle assez riche en bâtimens de guerre et en marins pour trouver, dans un pareil moment , et même de longtemps, une flotte de vingt-six vaisseaux , de vingt frégates et de plusieurs corvettes à expédier à Madagascar ?

Nos ministres pourront peut-être résoudre le problème, et alors nous croirons plus que jamais à leur capacité; mais, pour nous, nous le déclarons insoluble.

Quant aux vingt mille hommes à embarquer, nous n'en avons nul souci : la France peut bien encore faire passer en Algérie dix régimens de plus; elle peut même y envoyer une nouvelle armée, les soldats ne lui manqueront pas : *elle n'a qu'à frapper du pied la terre, et il en sortira des bataillons.* Ce n'est donc pas le contingent de troupes nécessaire qui nous embarrasse et nous inquiète, c'est la réunion des moyens de transport; d'autant plus qu'on ne peut, dans cette affaire, employer des bâtimens marchands: sans parler du prix énorme auxquels ils mettraient leurs services pour une traversée aussi longue, ne faut-il pas, de toute nécessité, protéger, par un feu de batteries flottantes, le débarquement que nous opérerons simultanément sur plusieurs points du littoral, à des distances plus ou moins éloignées? Et puis, combien d'éventualités à prévoir pour notre armée dans ces parages lointains, éventualités contre les dangers desquelles des navires de guerre peuvent seuls la garantir !

Ainsi, voilà ce magnifique plan de colonisation française à Madagascar enrayé, dès le début, dans sa première condition essentielle, par le manque des moyens d'exécution nécessaires.

Mais faisons un pas de plus en avant. Supposons, pour un instant, que la France, remettant la réalisation de ses projets à des temps meilleurs, à une époque où l'horizon politique, pour parler comme l'ancien *Constitutionnel*, soit moins chargé de nuages, se trouve, dans un avenir peu éloigné, en mesure d'équiper la flotte considérable qu'exige une opération complète sur Madagascar. Supposons encore, ce qui ne nous paraît pas le plus difficile à admettre, que l'armée qu'elle transportera dans ses flancs prenne pied sans échec sur le sol malgache, et refoule rapidement les troupes ovas vers leurs derniers repaires et les y traque vaillamment ; supposons la reine fugitive ou prisonnière , et ses soldats dispersés; eh bien ! dites-nous si , après avoir fait tout cela , notre œuvre sera parfaite ? Ne nous restera-t-il plus rien à faire , rien à redouter ? N'aurons-nous plus qu'à recevoir la soumission des peuples , à choisir de bons emplacemens pour nos garnisons , à installer des fonctionnaires français à la place des fonctionnaires ovas, pour marcher sans obstacle à une colonisation prompte et florissante ? Sans admettre le miracle d'un second Abd-el-Kader , est-il à présumer que nous ne trouverons plus d'ennemis à combattre sur ce sol où les Ovas laisseront nécessairement des populations alliées ou amies , des co-religionnaires , des chefs qui partageaient avec eux l'exploitation du pays? Croyez-vous dompter en quelques jours ces tribus noires de l'ouest, qui ont su , depuis vingt ans , défendre leur indépendance contre les efforts incessans des Ovas ? — Et dès lors , ne verriez-vous pas se reproduire là ce qui se passe en petit à Taïti , ce qui n'a cessé depuis l'origine d'exister en Algérie, c'est-à-dire , cette guerre continuelle de combats partiels et obscurs , d'escarmouches meurtrières et sans résultats ; ces révoltes , étouffées aujourd'hui et qui renaissent demain ; ces trahisons , qui sont un des moyens de destruction les plus terribles et les plus usités de ces peuples à demi civilisés , des Ovas de Madagascar comme des Arabes de l'Afrique? — Votre armée de 20,000 hommes , que nous voulons, par une fiction assez forte , considérer comme encore intacte au bout de quelques mois de débarquement , après un séjour forcé sur ces côtes malsaines et plusieurs batailles livrées , osez-vous prétendre qu'elle suffira à faire éternellement face à tant de difficultés , à tant de périls ? Ne se décimera-t-elle pas chaque jour , et par les maladies, et par les chances de la guerre; et ne vous faudra-t-il pas lui envoyer sans cesse des recrues, des renforts nouveaux , pour la maintenir au moins dans sa force numérique primitive? Et aurez-vous , d'un bout de l'année à l'autre , des flottes à user dans ces longues et pénibles traversées de France à Madagascar , à exposer aux dangers de ces mers redoutables, où les plus affreux ouragans du globe viennent si fréquemment engloutir les vaisseaux? En un mot , ne serait-ce pas tout simplement, selon l'heureuse expression d'un de nos hommes d'état, — nous créer une nouvelle Algérie à 4,500 lieues de la France ?

Or, nous pensons que la France a assez d'une seule Algérie ; le sang français est trop précieux , et nos finances sont trop courtes, pour nous permettre un second caprice de ce genre.

Il y a , d'ailleurs , un doute qui nous occupe : que ferons-nous de ces deux cent mille Ovas, qui tiennent maintenant sous leur joug les deux tiers du continent madécasse? Les laisserons-nous sur le sol, après les avoir désarmés et privés de leurs chefs? — Mais ce serait mettre le feu à couvert sous la cendre! — Les expulserons-nous complètement du territoire de l'île? — Mais où se retireront-ils? — N'iront-ils pas se jeter dans les Comores , que nous prétendons bien garder pour nous, ou s'établir sur la côte d'Afrique , d'où, recrutant des auxiliaires chez les Cafres et les Arabes, ils marcheront une seconde fois à la conquête d'un pays qu'ils ont déjà occupé en maîtres , et, en attendant, nous harcéleront par des incursions continuelles sur notre littoral , par un système de piraterie vigoureusement organisé? — Il ne resterait donc qu'un seul parti sûr : ce serait de les détruire jusqu'au dernier. Mais on n'anéantit pas ainsi 200,000 hommes! et il n'y a eu que Marat capable de concevoir en théorie une pareille destruction ! Les Ovas, même vaincus, seraient donc encore pour nous un obstacle, un obstacle permanent et insurmontable !

Nous avons vu le mauvais côté de la question; nous avons énuméré les principaux inconvéniens et les dangers d'un projet de colonisation à Madagascar. Examinons à présent les choses sous leur autre aspect, sous leur jour favorable; voyons quelles circonstances heureuses viennent nous encourager.

S'il faut en croire les partisans de la colonisation, s'il faut en croire même la plupart des rapports faits sur ces pays lointains par les agens du gouvernement, capitaines de vaisseau, officiers de terre ou administrateurs, — nous n'aurions qu'à nous montrer sur le rivage malgache pour voir accourir à nous ces populations opprimées, ces malheureux indigènes sur qui pèse la lourde domination des Ovas. On nous parle de chefs vaillans tout disposés à seconder la France dans une entreprise contre l'ennemi commun, de tribus envieuses de passer de la main de fer des Ovas sous la tutelle paternelle de la France. On nous dit que nous serions puissamment secondés, sur toutes les frontières des états de Ramanavalo, par des alliés braves et dévoués; que, tandis que l'armée française s'avancerait vers l'intérieur par le versant de la côte est, — les Anossis au sud, les tribus noires de la baie Saint-Augustin à l'ouest, et les Saclaves au nord, feraient d'utiles et d'actives diversions qui obligeraient les forces ennemies à se diviser, et les exposeraient ainsi à une défaite facile et certaine.

Voilà certes un superbe plan de campagne, auquel il ne manque, pour obtenir notre approbation, que d'être basé sur des faits exacts et positifs.

Il est bien vrai que les Anossis se sont, jusqu'à présent, maintenus, du moins la plupart de leurs tribus, dans une indépendance à peu près complète à l'égard des Ovas ; et c'est même de leur côté que nous trouverions l'appui le plus sérieux, car ils sont animés pour la France d'une sympathie assez sincère. Mais en quoi consisterait cet appui ? croit-on qu'ils pussent mettre en campagne, à côté de nos troupes, seulement deux mille hommes ? Non, certes, et cela leur serait de toute impossibilité. Tous soldats intrépides pour défendre leurs foyers dans les postes avantageux où ils ont su se retrancher, ils pourraient tout au plus, en s'épuisant, nous fournir quelques bandes mal armées et indisciplinées. Ils ne sont pas nombreux, en effet, et il n'entre pas dans leurs habitudes d'aller chercher l'ennemi. Le seul service qu'ils nous rendraient, et il ne serait pas encore sans mérite, ce serait de garder pour nous les parties avoisinantes du littoral d'où nous serions parvenus d'abord à chasser les Ovas, à la poursuite desquels il nous faudrait marcher.

Quant aux peuplades noires des environs de la baie de Saint-Augustin, nous croyons en avoir assez dit sur leur caractère, leurs mœurs féroces et sauvages, leur antipathie instinctive contre les Européens, pour faire comprendre qu'il n'y a sérieusement rien à attendre de leur part ; et ceux qui soutiennent le contraire sont victimes d'une grossière erreur ou plongés dans une illusion inconcevable. — Il y a plus : il n'est pas dans tout Madagascar, il n'est pas chez les Ovas eux-mêmes, de population plus hostile aux Français, plus irritée contre eux que ces barbares de l'ouest. — Des chefs aimés et respectés, célèbres à la guerre, et toujours heureux contre les Ovas, et qui, venus sur la foi nationale à bord d'un de nos navires de commerce, s'y virent traîtreusement saisis, garrottés, puis conduits à la reine, qui les fit massacrer, ont laissé à la baie Saint-Augustin le nom français en exécration [1].

Enfin, pour ce qui est des Saclaves de Bombétoc et de Mouzangaye, voici ce que, d'après des données positives, nous écrivions en 1840, dans une des feuilles publiées à Bourbon :

« Nous avons sur la côte occidentale des alliés prêts
» à nous seconder. Un des anciens généraux de Radama,
» du nom de Ramanétac, a pris possession de Bombétoc et
» de Mouzangaye. Ce chef, qui a, sous ses ordres, une
» nombreuse armée, composée de Cafres et d'indigènes,
» paraît sincèrement disposé à nous servir. Il a double-
» ment à se venger de la reine, qui a voulu le faire as-
» sassiner et qui a mis à mort son frère Ramanaval. —
» Ramanétac, pour prix de son alliance, n'exigerait que
» d'être préposé par nous au gouvernement de quelque
» province. — Beaucoup d'autres chefs particuliers qui se
» trouvent dans la partie nord, nous offrent leur concours
» aux mêmes conditions. Ils savent bien que nous n'oc-
» cuperons jamais que les environs de la mer ; et eux,
» alors, appuyés sur nous et par nous, tenteraient de
» recouvrer leurs états de l'intérieur, d'où les Ovas les ont
» expulsés. »

Depuis, les choses ont bien changé ; les Ovas, de plus en plus puissans, ont continué à pousser les Saclaves à la mer, et ces peuplades ont dû, pour échapper à une des- truction complète, chercher, comme nous l'avons déjà

---

[1] Ce fait authentique ne remonte qu'à quelques années. Il faut dire, pour l'ex- cuse de l'humanité et pour notre honneur, que l'honorable armateur de ce na- vire, et le capitaine chargé d'exécuter ce malheureux enlèvement, crurent qu'il s'agissait simplement de faire ces chefs prisonniers au profit de la reine, qui avait promis de leur laisser la vie sauve, et qui avait exigé ce service en retour de cer- tains avantages commerciaux particuliers. Quand il vit la tragique fin de cette affaire, l'infortuné capitaine, désespéré, perdit la raison et se brûla la cervelle.

dit, un refuge dans les îles du canal de Mozambique. Quelques tribus seulement, plus heureuses ou mieux abritées que les autres, ont pu tenir sur le littoral, et Ramanétac lui-même, cet ami des Français, s'est vu successivement enlever la majeure partie des territoires qu'il occupait, et nous ne sommes pas même bien certains qu'il existe encore à cette heure.

On nous répondra, sans doute, que les Saclaves, émigrés à Nossi-Bé, n'en sont que mieux placés sous notre main, et que, gouvernés depuis quelques années déjà par des officiers français et mis en rapport continuel avec nous, ils doivent nous être encore plus étroitement attachés et mieux façonnés à notre manière de faire la guerre. Qu'objecterons-nous à cela ? — Des faits. — Il est certain que depuis qu'ils ont quitté la côte, où leurs chefs les plus intrépides sont demeurés avec leurs meilleurs hommes, ces exilés, comptant sur la protection française, et n'ayant plus à défendre chaque jour leur vie et leurs propriétés, se sont relâchés de cet esprit guerrier qui les animait autrefois, et qui pouvait seul nous faire attacher quelque valeur à leur coopération. — Ils ont, au contact de nos soldats et de nos marins, ajouté tous les vices de l'homme civilisé à ceux du sauvage, et perdu les qualités les plus estimables de leur état primitif. L'ivrognerie, la débauche les ont amollis et décimés.

D'ailleurs, il ne faut pas croire que le concours que ces populations entendent nous prêter soit complètement désintéressé. Nous avons dit plus haut à quelles conditions ils le mettent; et il ne faut point s'imaginer qu'ils travailleraient avec joie uniquement pour la France et à son profit, et sans aucune utilité pour eux-mêmes. Du jour où ils s'apercevraient qu'ils ne sont entre nos mains que de purs instrumens, non seulement on ne pourrait plus compter sur eux , mais encore ils se retourneraient contre nous. Les quelques révoltes qui ont déjà troublé notre occupation de Nossi-Bé prouvent assez , ce nous semble , qu'ils ne veulent point d'une domination française trop patente et trop immédiate , pas plus qu'ils n'ont voulu de celle des Ovas. Cependant les appeler avec nous au partage de la conquête serait une pensée funeste. On créerait ainsi pour l'avenir , sur le territoire même de l'île , une grande et nouvelle nationalité madécasse , qui finirait un jour par nous déborder et envelopper tout le pays ; pour cela , il suffirait d'un chef ambitieux et habile , et un pareil homme pourrait facilement apparaître au premier jour chez un peuple aussi intelligent que le sont les Saclaves.

Nous sommes toujours demeuré frappé de la profondeur d'esprit , de la portée de vues , que nous avons rencontrées chez un de ces guerriers , que nous eûmes occasion de voir à Bourbon. C'était un magnifique noir , à la stature élevée , aux traits doux et fins , à la chevelure ondée , pauvre souverain d'une petite île voisine de la côte malgache , et que nous occupons actuellement comme dépendance de Nossi-Bé. Il avait vendu sa principauté à la France pour une misérable rente de quelques piastres , et il venait à Bourbon prendre un avant-goût de la civilisation française. — Le noble Saclave était dévoré d'une ambition démesurée ; il ne parlait pas moins que de conquérir tout un monde. — « Donnez-moi, disait-il avec exaltation et en nous montrant son corps sillonné de cicatrices, donnez-moi trois régimens français , et je fais la conquête de l'Afrique ! » — Smiarou , — c'était le nom de ce héros africain, — ne calculait, comme on le voit, qu'avec son courage , qu'exaspérait la vue de nos soldats qui manœuvraient sous ses yeux.

En somme, les ressources auxiliaires que nous pouvons espérer des habitans du pays sont très-restreintes, et ne diminuent que dans une proportion à peu près imperceptible les difficultés d'une entreprise aussi considérable que l'occupation complète de Madagascar.

On pourrait ici avec toute raison, ce nous semble, se demander quels seraient, en réalité, les avantages que la France pourrait retirer de la colonisation de cette île, et si ces avantages seraient assez grands pour compenser les frais d'hommes et d'argent qu'exigerait une opération si colossale ? — Mais il faudrait faire tout un livre sur cette question, pour la traiter à fond et convenablement.

Nous nous bornerons à dire que, réglant notre opinion sur l'expérience du passé et sur le jugement des hommes d'état dont le talent et la sagesse nous inspirent le plus de confiance, nous croyons que la France est bien plutôt une puissance continentale qu'une puissance maritime, et qu'il n'y a pas que l'extension du système colonial qui puisse sauver notre industrie de la ruine dont certains esprits chagrins la prétendent menacée par la concurrence anglaise. Sans doute, la France doit s'assurer des débouchés commerciaux sur toutes les parties du globe ; mais il n'est point besoin pour cela de fonder des établissemens, et les traités qu'une longue paix permet de méditer et de réaliser feront plus à cet égard que toutes les tentatives de colonisation possibles. La France a assez de colonies, elle en a même de trop ; elle en a de trop pour son repos, pour son armée, pour sa marine, pour ses finances, les Marquises, O'Taïti, et ces îles fiévreuses que nous détenons dans le canal de Mozambique ; et quant à l'Algérie, ce n'est plus une question d'utilité, c'est une question d'amour-propre national qui nous la fait garder, et en cela nous avons pleinement raison. La France a mieux à faire que de semer son sang et son or pour civiliser des sauvages ; elle a ses frontières à regagner sur les Alpes et sur le Rhin ; elle a à trancher tous les grands débats qui s'agitent entre les divers cabinets du monde européen ; elle a le bon droit et la raison à faire prévaloir chez tous les peuples du continent, et pour cela, à défaut de la persuasion, elle tient en réserve et ses armées et ses flottes.

Et maintenant, si les créoles de Bourbon, gens si difficiles à satisfaire, nous le savons de reste, demandent à grand cris la colonisation de Madagascar, et pétitionnent auprès du roi pour obtenir la réalisation de leur vœu, il faut les laisser crier et pétitionner tout à leur aise, et ne point coloniser ; — il faut mettre au néant et leurs éternelles lamentations et leurs importunes demandes, comme on y a déjà mis leurs réclamations obstinées contre le sucre indigène, contre l'abolition progressive de l'esclavage. La France serait vraiment en beau chemin si elle avait cru en tout ces imaginatifs colons, qui veulent, bon gré mal gré, nous pousser sur la pente glissante de leurs intérêts particuliers et qui y parviennent malheureusement quelquefois ! Ne leur sommes-nous pas déjà redevables de toutes les sottes tentatives que nous avons faites jusqu'à ce jour sur cette terre malgache, dont ils voudraient nous faire à présent une nouvelle Algérie ? — Ne sont-ce pas encore eux qui nous ont fait tout récemment prendre position à Mayotte et à Nossi-Bé, et nous ont ainsi gratifiés de deux plaies saignantes ? — N'est-ce pas là avoir assez fait pour les contenter ? Et faudrait-il encore aujourd'hui, pour leur complaire, pour leur procurer des bœufs à meilleur compte, pour leur fournir peut-être, dans un avenir peu éloigné, des travailleurs libres plus robustes et plus dociles que les engagés indiens ou chinois, en remplacement des travailleurs esclaves que la loi va leur enlever, sacrifier nos troupes et notre argent à un essai de colonisation, dont le succès si problématique ne nous dédommagerait même pas de tout le mal qu'il nous aurait coûté ? Par ces causes, nous doutons fort, et c'est même là l'espérance de notre cœur, que la pétition rédigée au nom de ses compatriotes par M. de Saint-George, ancien délégué de la colonie de Bourbon, trouve un accueil favorable auprès de S. M. Louis-Philippe, et cela sera véritablement fort heureux pour la France : car nous n'avons jamais pu sérieusement supposer au pouvoir, et encore moins à la prudence royale, la folle intention de coloniser Madagascar ; et bien que le ministère ne nous ait pas donné le mot de sa pensée, il suffit de voir l'exiguïté de l'armement naval qui se prépare pour demeurer complètement rassuré à cet égard. Quel est, d'ailleurs, l'homme d'état qui pourrait avoir oublié que, pour avoir cédé aux instigations des anciens colons de Saint-Domingue, Napoléon perdit une des plus belles armées de la France et toute une génération d'officiers du plus haut mérite?

Quoi qu'il en fût de notre peu d'inquiétude sur les projets du ministère, nous avons voulu traiter ici, d'une manière fondamentale et complète, cette spécieuse question de la colonisation malgache, qui n'est point nouvelle, qui a été cent fois remise sur le tapis, et qui n'en est pas mieux éclaircie pour cela, mais qui a le don pernicieux de séduire les esprits et de trouver toujours dans le public français de vives sympathies. Ces sympathies, il faut sans doute les respecter, car elles partent d'un goût naturel pour le grandiose et de l'enthousiasme national ; mais il importe surtout de n'y point céder, — car ce serait mal servir le pays, — et il faut combattre l'erreur générale par les armes de la raison et de la vérité.

Ceci n'est donc point une leçon que nous avons voulu

donner à nos gouvernans , comme dirait M. Bugeaud ;
c'est un simple exposé des faits , que nous avons cru nécessaire d'adresser à l'opinion publique pour l'éclairer,
pour la ramener dans la droite voie, en dehors de laquelle
les criailleries des journaux ne manqueront pas, comme
toujours, d'essayer de la faire sortir. Et, dût cette opinion
être injuste pour les ministres qui auront le courage de lui
tenir tête, ce n'en est pas moins leur devoir d'être plus
sages et plus prévoyans que la masse, et le pays leur en
saura gré un jour.

Pour nous, achevant notre tâche, nous exprimerons
encore sur ces affaires de Madagascar quelques idées qui ,
comme beaucoup de choses que nous avons dites dans le
courant de cette brochure , paraîtront peut-être , à la ma-
jorité des lecteurs, hardies et paradoxales, mais qui n'ont,
en réalité , d'autre singularité que celle de la franchise ,
et qui sont l'énonciation pure et simple de convictions
profondes et réfléchies.

On n'a pas , en effet , épuisé toutes les faces de la question , lorsque , comme nous l'avons fait jusqu'à présent ,
on n'a encore apprécié la colonisation française de Madagascar qu'au double point de vue de l'exécution matérielle
et de ses résultats directs pour la métropole. Il reste à la
considérer au point de vue des intérêts internationaux ,
sous le rapport des conséquences qui en ressortiraient pour
nos relations avec les autres cabinets de l'Europe.

Tant qu'il ne s'est agi que du projet d'une simple démonstration maritime , quand même nous n'avons eu à
discuter que le mérite d'une occupation partielle et res-
treinte du littoral malgache , la présence de l'Angleterre
sur les lieux , son intervention dans le réglement de nos
communs démêlés avec les Ovas , ne nous a nullement em-
barrassés : avec ou sans sa coopération , que l'Angleterre

nous laissât agir seuls ou qu'elle voulût marcher de concert avec nous, la question ne nous paraissait pas plus compliquée dans un cas que dans l'autre, et toutes choses pouvaient aisément s'arranger entre les deux puissances. Mais lorsque nous en sommes arrivés à notre troisième hypothèse, lorsqu'une fois nous avons commencé à parler de la colonisation française de Madagascar, nous avons dû, pour ne pas entraver notre marche, mettre tout d'abord l'Angleterre de côté, sauf à y revenir plus tard, en temps opportun.

La raison de cette abstraction était facile à saisir. Qui dit colonisation française de Madagascar, dit œuvre exclusivement française, œuvre absolue, intégrale, entièrement indépendante du concours britannique ; car nous ne pensons pas qu'il y ait des esprits assez légers ou assez insensés pour concevoir la colonisation d'un pareil pays par deux nations différentes, agissant simultanément chacune dans son intérêt particulier et à sa manière. Couper le territoire malgache en deux portions à peu près équivalentes, cela n'est pas déjà, ce nous semble, une opération si simple, et il ne serait point facile d'accommoder les prétentions et les convenances de chaque partageant ; mais ce qui nous paraît absurde, ce que nous regardons comme inadmissible et impossible, c'est la juxta-position calme et paisible, c'est la co-existence bienveillante, le voisinage amical de deux centres d'action si rapprochés et si divers de caractères et de vues, si naturellement portés à se rivaliser, et excités par leur proximité même à tenter de se dépasser, à faire effort l'un contre l'autre, et, par suite, à se jalouser et à se haïr. — Notre paix mutuelle ne serait-elle pas là sans cesse à la merci de ces populations dont nous serions entourés, et à qui, au premier mouvement d'humeur qu'elles sentiraient, la plus vulgaire politique inspirerait mille

moyens d'exciter un conflit ? Qu'un chef de village eût la
fantaisie de passer d'une frontière sur l'autre, ou que, par
exemple, une tribu tombée dans le lot des Anglais, et
s'accommodant mieux de notre régime, voulût changer de
maîtres, voilà aussitôt la lutte imminente ! Comment régler tout ce désordre, comment l'arrêter ? On s'incrimine-
rait, on s'irriterait des deux côtés, et, avant peu, on ferait,
sous le moindre prétexte, un appel à la force des armes.

— Il ne faut donc pas compter au nombre des éventualités
réalisables le partage de Madagascar entre une colonisation
française et une colonisation anglaise simultanées. Aucune
des deux nations n'en voudrait certainement tenter l'essai,
car elles savent toutes deux que ce serait là préparer, non
la paix, mais la guerre.

Si donc Madagascar ne doit plus appartenir aux Ovas,
si cette île doit être colonisée, — elle ne doit, elle ne peut
l'être que par l'une seulement de ces deux grandes nations
européennes et à son profit exclusif. — Dans l'espèce, la
France serait la nation colonisante.

De quel œil pensez-vous que l'Angleterre devrait voir
et verrait en effet une telle entreprise ? N'y aurait-il pas
de notre part, dans cette appropriation d'un point militaire et maritime aussi important, d'un point qui domine
la route de l'Inde, et qui commande à celle-ci, pour ainsi
dire, une espèce de défi, une véritable menace jetée à l'Angleterre ? Car les Anglais n'ont pas oublié que c'était à Madagascar, dans ces baies si sûres et si commodes, que les flottes de M. de la Bourdonnays couraient se réparer, après de
glorieux combats, pour s'élancer à de nouvelles victoires.

— Au moment précisément où nous allons, selon toutes les
probabilités, étendre d'une centaine de lieues de plus, aux
dépens du Maroc, cet immense territoire que nous occupons
déjà sur les bords de la Méditerranée, l'Angleterre pour-

rait-elle vraiment se montrer si peu soucieuse de sa puissance, si oublieuse de sa prévoyance habituelle, qu'elle
nous permît, sans contestation aucune, de venir ainsi lui
couper la voie de l'Océan, suspendre sur sa tête l'épée de
Damoclès ? — Non, sans doute ; et si l'Angleterre, nous
voyant faire les préparatifs d'un établissement définitif et
complet à Madagascar, n'obtenait pas amiablement de notre cabinet, par ses représentations, la suspension immédiate de nos armemens et la certitude de ne jamais
nous les voir recommencer, il ne lui resterait d'autre parti à
prendre que de nous devancer, si cela lui était possible, sur
le sol madécasse, ou de nous en expulser violemment quand
nous nous en serions déjà emparés. Et il ne faut point
dire que, dans cette conduite, elle fût à blâmer : il est
permis aux nations comme aux individus, de défendre
leurs biens, et il n'est pas juste de trouver mauvais chez
les autres ce que nous trouverions bon chez nous dans
une situation identique.

Or, est-il dans les convenances actuelles de la France,
est-il dans son intérêt bien entendu de se brouiller avec
l'Angleterre? Et voudrait-elle, pour un motif aussi fou
que celui de faire de Madagascar une colonie française qui
lui échapperait demain, et qui ne serait pour elle, dans tous
les cas, qu'un fardeau écrasant, rompre une alliance de
quinze années, et courir les hasards d'une guerre continentale et maritime contre une puissance aussi formidable
que la nation britannique, qui aura déjà bien assez de
peine à nous pardonner nos futures conquêtes dans le Maroc ?

On voit donc bien que ce fameux projet de colonisation
est aussi absurde, aussi funeste, au point de vue de nos
intérêts diplomatiques et internationaux, qu'à celui de
nos intérêts directs et particuliers.

Toutefois nous savons que ce dernier argument n'a aucune valeur aux yeux d'une certaine presse opposante, toujours disposée à exciter et à envenimer les ressentimens nationaux, dans l'espérance de les exploiter à son avantage ; et nous ne serions même nullement étonnés d'entendre quelque grave orateur, à la tribune de la chambre, demander pompeusement compte au ministère, avec accompagnement de belles phrases patriotiques, de ce que ces messieurs appellent dans leur langage une nouvelle faiblesse, une lâche condescendance pour l'Angleterre ! — Que voulez-vous ? il faut bien se résigner au spectacle éternel de la haine des partis et de la folie humaine !

Résumons-nous.

Nous avions à prononcer sur trois hypothèses, et nous les avons successivement passées en revue et considérées sous toutes leurs faces.

La première hypothèse, — celle d'une démonstration maritime passagère, — nous l'avons reconnue vaine et sans effet ; la deuxième, — celle d'une occupation bornée au littoral, — nous l'avons jugée fatale et également dépourvue de tout résultat efficace ; enfin la troisième, — la colonisation française de Madagascar, — nous est apparue, à un mûr examen, physiquement et politiquement impraticable, et désastreuse pour la France.

Quelle conclusion faut-il donc enfin tirer de tous nos raisonnemens ?

Il n'en est qu'une seule, logique et nécessaire : — puisqu'il nous est bien démontré que tout dénouement violent donné à la question malgache doit nous être préjudiciable et ne peut nous rapporter aucun fruit, — il ne reste qu'une seule solution possible à donner à ce difficile problème : — une solution pacifique.

Il faut faire maintenant comme nous avons déjà fait

après la malheureuse tentative de 1829 , il faut laisser aller tout doucement les choses dans le royaume des Ovas; il
faut , mais en nous renfermant à l'avenir , à l'égard de
Ramanavalo , dans une attitude moins hostile que celle
que nous avons prise depuis quelques années à Nossi-Bé et
ailleurs , il faut attendre du temps , — du temps seul et
de l'avarice des hommes , — le rétablissement de nos rapports commerciaux avec Madagascar , rapports surtout im-
périeusement réclamés par les besoins journaliers de notre
colonie de Bourbon. — Seulement, vous aurez soin, lorsqu'une fois nous aurons de nouveaux *traitans* fixés sur le
littoral, de tenir , comme par le passé , dans ces parages , quelques bâtimens de guerre pour les mettre à l'abri
d'une surprise , et les recueillir s'ils sont sérieusement
menacés.

Mais, dira-t-on , c'est là une conclusion bien désolante ,
et n'y a-t-il pas déshonneur pour notre pavillon à laisser
impunie la mort de nos frères tués à Tamatave?

Il faut peut-être ici un redoublement de courage pour
oser dire notre pensée ; mais nous avons bien pris notre
parti là-dessus. — Tout en nous estimant défenseur aussi
jaloux , aussi chatouilleux que nos plus fougueux journa-
listes eux-mêmes, de la dignité de notre patrie, de l'honneur
de cette noble France que nous voulons, nous aussi , forte
au-dedans et respectée au-dehors , — nous ne nous croyons
point obligé de nous montrer un fanfaron de patriotisme ,
et nous tâchons surtout de considérer les choses sous un
aspect un peu plus large , plus général , plus élevé , que
celui de l'égoïsme national. — Nous dirons donc toute notre pensée.

Il ne nous paraît pas bien prouvé que ce soit un crime
de lèse-nation envers les puissances européennes, que cette
loi de Ramanavalo , qui a imposé aux étrangers qui vou-

draient résider dans ses états , l'obligation de se faire ci-
toyens malgaches.

Tant pis pour vous si cette loi vous choque et vous ré-
pugne : la mer vous est ouverte , partez !

Chacun est maître chez soi , une reine africaine aussi
bien que le moindre bourgeois de Paris.

Le bourgeois dirige l'économie de sa maison comme il
l'entend , et une reine , même une reine ova , fait telles
lois qu'elle juge convenables à sa sûreté et aux intérêts de
son royaume.

Quand on vous attaque avec le canon , et que vous avez
aussi du canon , vous répondez avec le canon.

Ces quelques axiômes vulgaires nous paraissent merveilleusement simplifier la question et la réduire à ses vérita-
bles termes.

Qui oserait , en effet , contester à Ramanavalo le droit
d'administrer ses états à sa guise ? Et s'il ne lui plaît point
d'y souffrir des étrangers , si elle veut prohiber sur ses
frontières l'importation d'une civilisation dont elle redoute
les envahissemens , que pouvons-nous , raisonnablement,
trouver à redire à cela ?

Si le sang anglais et français a coulé à Tamatave , à qui
la faute , après tout ? — N'était-il pas possible d'éviter
une collision dont nous déplorons plus que personne le
triste résultat, parce que , mieux que personne, nous com-
prenons toute l'inutilité d'une pareille mêlée ? — Qui donc
a tiré le premier boulet ? — Et n'y a-t-il pas eu dans cette
résolution extrème du capitaine Kelly de trancher à coups
de canon des débats fiscaux , car il ne s'agissait plus que
du réglement d'un droit de douane, n'y a-t-il pas eu dans
cette agression précipitée, imprudence et mauvais calcul ,
comme il y en a eu aussi dans l'attaque d'un fort contre
lequel on n'avait aucun moyen sérieux d'agir, et sur l'état

duquel il était facile de se renseigner auprès des *traitans* réfugiés à bord de nos corvettes? Tout en excusant la bouillante conduite des commandans de la *Zélée* et du *Conway*, ne peut-on pas regretter qu'ils n'aient pas su modérer leur ardeur? — Nous n'aurions pas aujourd'hui à pleurer des frères et à nous préoccuper de les venger ! Et quant à nos *traitans*, nul doute que leurs intérêts ne se fussent encore moins mal trouvés d'une transaction pacifique que d'un dénoûment si violent.

Ce ne serait donc pas, selon nous, cette déplorable catastrophe de Tamatave qui constituerait, à la rigueur absolue des choses, notre plus fort et notre plus juste grief contre la reine des Ovas; ce serait bien plutôt les procédés brutaux qui ont accompagné l'exécution de sa nouvelle loi contre les étrangers ; ce seraient plutôt ces avanies, ces vexations sans nombre, que nos bâtimens de commerce n'ont cessé d'éprouver sur les côtes de Madagascar. — Mais n'avons-nous rien fait, de notre côté, pour exciter contre nous la colère de Ramanavalo? — N'avons-nous donc aucun tort à nous reprocher envers elle? — Sans parler ici du ressentiment qu'elle a dû conserver de l'expédition de 1829, n'avons-nous pas prêté aide et protection à ses ennemis? N'avons-nous pas entretenu des liaisons actives avec ses sujets révoltés, accueilli et couvert de notre drapeau les Saclaves réfugiés à Nossi-Bé? N'avons-nous pas pris, depuis quelques années, sur ses frontières, un développement militaire qui est bien fait pour l'alarmer? Ne nous sommes-nous pas déjà établis aux Comores et dans tous ces îlots qui bordent la côte nord-ouest de son royaume? N'avons-nous pas été jusqu'en Arabie, jusqu'à Mascate, lui enlever, par un traité habile, un allié dont elle eût pu utilement se servir contre nous, dans la supposition d'une lutte? — Nous préparons depuis dix ans la

guerre contre Ramanavalo ; nous la préparons ostensible-
ment par des prises de possession de territoire , par des
protections accordées à ses ennemis, par des encouragemens
à la révolte chez ses sujets , par des traités hostiles avec ses
anciens alliés, et vous voulez qu'elle n'en prenne pas ran-
cune contre nous , qu'elle ne cherche pas à nous rendre
mal pour mal, mauvaise disposition pour mauvaise disposition ? Et ainsi s'expliquent , et s'excusent même jusqu'à
un certain point, ces vexations qu'elle se permet contre
nos bâtimens de commerce et notre pavillon , vexations
qui, du reste , ont été surtout plus sensibles et plus manifestes depuis notre occupation de Nossi-Bé , car l'affaire du
Picard est postérieure à cet événement.

D'ailleurs , il ne faut pas exiger de la nature humaine
plus qu'elle ne peut donner , et il est raisonnable de suivre
dans les relations de peuple à peuple les mêmes principes
que dans les rapports privés d'homme à homme. — Que
si nous avons affaire dans le monde à un homme qui soit
notre égal en position sociale et en éducation , nous devons
être exigeans pour lui sur l'observation des lois de la plus
sévère politesse ; mais ne serait-il pas ridicule de se montrer
blessé des manques de savoir-vivre d'un rustre ou d'un ma-
nant ? — Ainsi faut-il faire avec ces peuples à moitié sauvages ; il ne faut pas exiger d'eux la même délicatesse de
procédés que de la part d'une nation parfaitement civilisée :
il faut leur pardonner quelque chose en considération de
leur ignorance et en proportion de leur grossièreté naturelle. — C'est là le parti le plus sage , — et y en a-t-il ,
du reste, un seul autre possible à l'égard des Ovas ?

Nous ajouterons encore ces simples commentaires :

Les Anglais , qui se sont si fort scandalisés de voir ceux
d'entre leurs nationaux qui se montraient récalcitrans à la
nouvelle loi malgache , expulsés du territoire de la reine ,

ne pratiquent-ils pas absolument les mêmes procédés sociaux dans leur colonie de Maurice ? — Tout Français (notez bien que cette honorable distinction n'existe que pour nous), tout Français qui désire se fixer dans cette île, doit préalablement déposer un cautionnement de 3,000 piastres (15,000 fr.) pour la plus grande sécurité du gouvernement anglais , et prêter le serment d'*allegeance* à la reine Victoria , c'est-à-dire renoncer à sa qualité de Français pour prendre celle de sujet britannique. — Faute par lui de remplir cette double formalité , il se voit poliment prier par M. le chef de la police , au bout d'*un mois* de séjour , — pas un jour de plus , — de vouloir bien quitter le pays sous vingt-quatre heures ; et s'il ne se trouve pas, dans les trois jours de cette signification, un navire en partance pour un point français, vous êtes, en attendant, consigné sur rade à bord d'un bâtiment de guerre.

Cette jolie loi anglaise a nom *alien-bill* ; et lorsqu'elle fut mise ou remise en vigueur à Maurice, il y a quatre à cinq années de cela, une foule de Français qui résidaient dans l'île depuis deux , quatre , et même dix ans , qui y avaient contracté des liens avec des familles créoles ou anglaises du pays , et qui y exerçaient le négoce ou des professions libérales , qui dirigeaient de grands établissemens ou possédaient des propriétés considérables , ayant refusé le serment , furent tous embarqués à la hâte sur un caboteur , et sans qu'on leur donnât le temps de régler leurs affaires , expédiés à Bourbon , où ils arrivèrent remplis d'indignation, presque tous ruinés et quelques-uns malades. — Ce sont là des faits authentiques , dont nous avons nous-même été témoin , et dont l'exposé fidèle a été transmis par les victimes elles-mêmes à l'autorité métropolitaine , à MM. les ministres passés ou présens de la marine et des affaires étrangères. Cependant , il ne nous est point revenu que ces messieurs s'en soient émus, ni qu'ils aient fait des représentations à ce sujet auprès du cabinet de Saint-James; — car la loi s'exécute encore journellement à Maurice; et si vous y alliez, de France ou même de Bourbon, pour raison d'affaires ou de plaisir, on vous en appliquerait immanquablement les étranges dispositions. Et le public français, à qui les journaux ont rapporté toute cette affaire, n'a point crié à la barbarie, et n'a point mis l'Angleterre au ban des nations civilisées !

Il est vrai que, nous autres Français, nous traitons un peu plus civilement les étrangers, voire les sujets de S. M. Britannique, qui nous font l'honneur de venir résider parmi nous, dans nos départemens ou dans nos colonies; et cela nous donne le droit d'être un peu plus rigoristes auprès de Ramanavalo. Mais, pour ce qui est des Anglais, nous les trouvons vraiment, eu égard à leurs propres peccadilles, un peu par trop sévères pour les fautes des Ovas. — A moins qu'ils ne soutiennent encore cette fois, comme ils l'ont déjà démontré les armes à la main, à ce pauvre empereur de la Chine, qu'un souverain, commandât-il à cent millions de sujets, ne peut régir son peuple que sous l'agrément du cabinet anglais, et qu'il n'est pas le maître de recevoir chez lui qui lui plaît, ni même de défendre son territoire à certains produits; fût-ce même du poison, si les Anglais ont intérêt à pénétrer chez lui et à vendre ce poison à ses peuples.

Quoi qu'il en soit de notre manière d'envisager cette question madécasse, qui perd déjà une grande partie de son intérêt en présence des affaires plus importantes du Maroc, — si le ministère, soit par conviction personnelle, soit par condescendance pour l'opinion publique, croit devoir, comme nous l'y savons disposé, donner suite à la catastrophe de Tamatave, dont le contre-coup douloureux est venu se perdre dans celui, plus grave et plus triste encore, des derniers événemens de l'Algérie; si un armement destiné pour Madagascar se prépare effectivement dans nos ports, nous sommes trop bon Français pour oser reprocher aux hommes du pouvoir un honorable excès de susceptibilité nationale, et nous souhaitons de tout notre cœur le succès de leur entreprise, qui ne peut, après tout, opérée sur une échelle aussi modeste qu'elle paraît devoir l'être, c'est-à-dire bornée à une simple démonstration navale, entraîner dans aucun cas donné de bien grands inconvéniens pour la France.

9 782012 476608